形体训练

第3版

主　编　赵晓玲　彭　波
副主编　王　虹　李广学
编　委　张孝辉　陈文刚　童国军　吴　昊

科学出版社
北　京

内 容 简 介

本书是编者在总结多年教学实践和理论研究的基础上,收集、查阅大量的资料和文献后,结合当今国内外在形体训练方面的先进理论和实践而编写的。本书从理论上阐述了形体训练的概论、目的、意义、特点、分类和内容,论述了各种徒手基本练习和持简单器材练习的基本动作、做法与要求,尤其是把舞蹈、体操、健美操、艺术体操、瑜伽、普拉提和舍宾七大训练方法结合起来,扩展了训练的内容和手段,使形体训练方法有发展与创新。

本书适用性广,可供高校体育教师、学生和社会人员参考使用。

图书在版编目(CIP)数据

形体训练 / 赵晓玲,彭波主编 . —3 版 . —北京:科学出版社,2012. 6
ISBN 978-7-03-034470-0
Ⅰ. 形… Ⅱ. ①赵… ②彭… Ⅲ. ①形体-健身运动-高等学校-教材 Ⅳ. G831. 3
中国版本图书馆 CIP 数据核字(2012)第 108610 号

责任编辑:邹梦娜　李国红 / 责任校对:陈玉凤
责任印制:李　彤 / 封面设计:范璧合

科 学 出 版 社 出版
北京东黄城根北街 16 号
邮政编码: 100717
http://www.sciencep.com
涿州市般润文化传播有限公司 印刷
科学出版社发行　各地新华书店经销
*
2005 年 8 月第　一　版　开本:787×1092　1/16
2012 年 6 月第　三　版　印张:12
2023 年 7 月第十三次印刷　字数:283 000
定价:49. 80 元
(如有印装质量问题,我社负责调换)

序

《形体训练》这本书今天终于和我们见面了。在我仔细研读这本书的主要内容后，欣喜之情油然而生。随着我国社会经济的迅速发展，大众生活水平的不断提高，越来越多的人群尤其是高校大学生，对自身的形体训练产生了浓厚的兴趣。据调查，目前部分大、中学校的女生体育课已逐渐开设了形体训练课，深受广大女学生的喜爱。

《形体训练》这本书在编写过程中，收集、查阅了大量的资料和文献，走访了本专业的一些专家教授，听取广泛意见。同时，编者在总结多年教学实践和理论研究的基础上，大胆创新，并结合当今国内外在形体训练方面的先进理论，开拓性地独创了一整套新颖而有效的形体训练教学方法与训练手段，具有很强的实用性，值得教师、教练员和体育工作者认真研读。

本书从理论上阐述了形体训练的概论、目的、意义、特点、分类和内容，论述了各种徒手基本练习和持简单器材练习的基本动作做法与要求，尤其是把“七合一”的训练类型结合起来，即将舞蹈、体操、艺术体操、健美操、瑜伽、普拉提、舍宾等七大类方法运用到形体训练中，这本身就是形体训练方法的发展与创新。因此，这本书不但适用性广，而且更具有独创性和针对性，是一本很好的形体训练指导书，可供高校体育教师、学生和社会学员们参考使用。

最后，希望这本书对形体训练的开展起到有益的推广与推动作用。

张丽华

2012年1月

前　言

21世纪是一个科技日新月异、社会极大发展、挑战与机遇并存的世纪，经济领域、科技领域的竞争日益激烈，人才的竞争是一切竞争的根本，国民素质的高低将决定一个国家的实力和进步。参与健身运动，加强身体锻炼，增强人的体质，不仅对提高国民素质具有重大的意义，也是现代人的一种生活方式。一种意志品质和文明行为的养成，在促进人的全面发展方面有着不可低估的作用。

随着人们生活水平的提高，越来越注重对美的追求。拥有挺拔的身姿、柔美协调的动作，以及富于表现力和良好的自我感觉，通过形体训练是可以实现的。近年来，人们尤其是女青年、学生对自身的形体要求越来越高，对形体训练课产生了浓厚的兴趣。

本书不仅从理论上阐述了形体训练的概述、目的意义、特点、分类和内容，还把舞蹈、体操、健美操、艺术体操、瑜伽、普拉提和舍宾七大训练方法运用到形体训练中，扩展了训练的内容和手段。在培养人的思想、品德、修养、情操、礼节、艺术品味以及鉴赏能力等方面也都有不可忽略的作用。

我们在书的第二章分类中对瑜伽、普拉提和舍宾的形体训练方法进行了简单的介绍，在第四、五、六、七章对舞蹈、体操、健美操和艺术体操的形体训练方法分别进行了详细的研究。

本书在编写过程中得到成都体育学院杨红老师的大力支持，在此表示衷心的感谢。

由于我们水平有限，书中难免有不当之处，敬请读者批评指正。

编　者

2012年1月

目　　录

第一章　形体训练概论

第一节　形体训练概述

形体训练是以身体练习为基本手段，以发展人体匀称和谐为主要目的，通过徒手或辅助器械练习，增强体质，培养正确的动作姿态，塑造良好形体，促进形成优雅气质的一项健身运动。

现代社会，形体美一直成为人们追求的目标，越来越受到人们的重视。随着人们生活质量和健康意识的提高，越来越多的人在追求和寻找美体的健身方法，形体训练就是实现形体美的有效健身运动。形体训练是以形态练习、姿态练习、气质练习为主要内容和基本手段，对练习者进行美育教育，塑造优美形体，使身体得到全面发展，培养高雅气质，改变人体的原始自然状态或矫正不良身体形态的一种身心培育过程。

第二节　形体训练的目的意义

一、形体训练的目的

形体训练是向学生进行素质教育、培养综合能力和塑造优美身体形态的一门基础课。它是以人体科学为基础的形体动作训练，是以改善学生形体动作的状态，提高灵活性、协调性，增强可塑性为目的的形体素质基本训练，又是以提高形体外在的表现力为目的的形体技巧训练。它为良好站姿、走姿的培养在身体素质方面打下基础。

二、形体训练的意义

形体训练在某种意义上说，和健美运动是相关联的。形体训练在一定程度上和健美运动一样，都是要求外型的优美、身体的匀称。但它们也存在着一定的区别，形体训练包括外形锻炼和内在修养、言行举止等方面，而健美则是锻炼身体的外表。从古到今“好美之心人皆有之”，这就充分说明了每一个人都有美的追求。美的形象、美的色彩和美的旋律，总是给人一种愉快的感受、美的享受，而健壮的体魄则是力的象征。

所谓形体美是指一个人的体态（包括行走、站立、坐姿、蹲姿）和体形等（外表和线条），身体是否匀称、优美而言。

形体训练的意义在于：

（一）增强体质，培养美的体态及体型

形体训练既是体操美、舞蹈美、音乐美等多方面的结合体，同时也是礼仪礼节的综合

练习。因此,形体训练是丰富多彩的,有各种健美动作和组合动作,动作的节奏有快速的也有缓慢的,有柔和的也有明快的,因而它是集内外形态训练的全身运动。形体训练不仅对人体诸器官和系统有良好的影响,并且能增加体质,改进健康状况,同时还能培养优美的体形、优雅的体态,使它们朝着喜爱的健美方面发展。

(二)进行美的教育,提高审美能力

对学生进行审美教育,是学校教育的一项重要任务,爱美是人的天性。学生对美的向往和追求表现尤为强烈,他(她)们希望向美的方向发展,用美来点缀自己的生活,而进行形体美训练是进行美育教育的一种良好手段。

(三)能提高人们的内在修养

形体训练不仅是锻炼身体的外表,而且是培养一个人的谈吐、行走等礼仪的方法;通过形体训练,不但得到一个好的身体,而且会获得令人羡慕的好仪态和优美的体态。

第三节 形体训练的特点和作用

一、形体训练的特点

(一)形体训练的群众性

形体训练不同于其他体育项目具有竞争性特点。因此参加形体训练的人没有特别的要求。不论男女老少,根据各自不同的年龄、职业、能力、爱好都可参加,每个人都能选择适合自己身体情况的形体训练内容,达到强身健体、完善身体形态的目的。因为形体训练不仅能够使新陈代谢旺盛,各器官功能得以改善,增强体质,延年益寿,同时也可以有针对性地改善身体某一部分,使体形匀称、协调、优美。所以,各个年龄层次和不同性别的人群都可以参与到其中,根据自身的情况、特点进行有针对性的形体训练。形体训练也因此成为当今深受群众喜爱,易于推广、普及的健身方式之一。

(二)形体训练的长期性

形体训练对人体的健康很有裨益,它可使人的肤色润泽,体格健壮,内脏功能健康,体态优雅。预防、改善和矫正不良的身体形态,这是需要一个长期的艰苦的训练过程,并非靠十日八日的健身就可以造就的,试图通过几次形体训练要达到理想的效果是不可能的,只有通过坚持不懈的长期形体锻炼,才能逐步形成正确的身体姿态,长时间保持稳定良好的形体,并能使畸形不良的形体得以纠正。因此,要通过量力而为、持之以恒的形体锻炼及适度的营养和休息才可成就自己理想化的形体美。与此同时,形体训练的长期性也是对自身意志品质的考验和锻炼,使练习者在美体的同时得到内在美的充实。

(三)内容和方法的多样性

进行形体训练所选择的内容、方法和形式多种多样,内容十分丰富。训练的内容有大

量的徒手练习和持轻器械或利用器械的练习。基本体操、艺术体操、健美操等体育项目及舞蹈为形体训练提供了丰富的素材。有用于身体局部练习的单个动作或专门动作,也有用于身体全面练习的基本动作、组合动作和成套动作。从练习的形式上,教学中或健身房常采用集体练习形式,另外也可单人或双人进行练习,可站着练习、也可坐、跪或在地上进行练习。从场地器材上,由于练习形式的多样化,对场地器材没有过多过高的要求,一块空地、一台录音机都可达到练习的要求。练习内容方法、形式的多样性能激发和调动练习者的兴趣和积极性,收到理想的训练效果。

(四) 形体训练的艺术性

形体训练是一种健与美相结合的造型艺术。目标是追求形体美、姿态美、气质美,因此具有较强的艺术性。在训练中应遵循对称、和谐、统一、节奏和造型等形式美的法则,使身体造型优美,动作舒展而富有节奏。另外,在形体训练过程中,不论是单个动作练习,还是成套动作练习往往都是在音乐伴奏下完成,节奏明快或舒缓优美的音乐,有利于练习者把握动作的节奏感和协调性,激发练习者的练习欲望和激情,使动作更富美的表现力,并使练习者在自娱自练中陶冶美的情操,培养正确的审美观念,提高对美的感受和鉴赏能力。

二、形体训练的作用

(一) 健身作用

经常进行形体训练,不仅有益于肌肉、骨骼、关节的匀称与和谐发展,有利于形成正确的体态和健美的形体,而且可使肌纤维变粗而有力,使其中所含蛋白质及糖原等储量增加血管变丰富。

从生理健康意义上讲,形体训练属有氧代谢运动练习。经常进行形体训练,能够促进人体的新陈代谢,改善中枢神经系统的功能,提高心血管系统、呼吸系统、消化系统等内脏器官系统的功能,增加机体活动的能力。

经常进行形体训练,还能有效地提高基本的形体素质,如柔韧、力量、灵敏、协调等,对全面提高身体健康素质有着明显的功能。经过系统的形体训练可使身体变得强壮有力,改变心脏本身的物质循环,提高消化系统的功能,改善肾脏的血液供应,增加皮肤血液循环,促进新陈代谢,从而加强人体的防御能力。

(二) 健美作用

健美主要是指一要健康,二要符合人体美的标准。车尔尼雪夫斯基说:“生命是美丽的,对人来说,美丽不可能与人体的健康分开。”形体训练不仅可使人获得健康美,还能使人体获得体形美、姿态美、动作美和气质美。

形体美主要是由身高、体重和人体各部分的长度、围度及其比例所决定。身高在很大程度上受遗传因素所决定,但后天的体育锻炼和形体训练对身高仍有一定影响,形体的协调、匀称主要是通过形体训练,使其身体各部分的围度比例得到改善。通过控制肌肉和脂肪这两个可变因素,消除身体的多余脂肪,强健结实必要的肌肉,从而使身体健美。

长期坚持形体锻炼可使少年儿童形成正确的身体姿势;使青年人动作优美,体态矫健;使中年人延缓身体的衰退,保持良好形体;使畸形不良和不正确姿态得以纠正。总之,健美的形体是通过运动锻炼出来的。通过科学、系统的形体锻炼,不仅能增强身体素质,提高健康水平,同时还能减肥,保持相对稳定的体重,使形体健美,并能修饰和改善身材不足,使生命力更旺盛,精力更充沛,使学习、工作、生活的节奏更清晰。

(三) 健心作用

形体训练是集体操、舞蹈、音乐为一体的健身运动,练习者在音乐的伴奏下,有节奏地完成各种动作,能够陶冶情操,振奋精神,调节心理,产生愉快的情绪,愉悦身心,达到心理健康的目的。

形体训练是由各种身体练习构成,通过反复、不间断地训练,获得美的形体、美的姿态、高雅气质时,对自己是一种良性的心理刺激,能有效地激励自己奋发向上,并对情绪和性格产生积极的影响。另外在长期的形体训练中,还必须战胜自己身体上的惰性、娇气、任性等不良习惯,培养坚毅顽强、吃苦耐劳等意志品质,使自己的品格得到升华,逐步形成健康科学、文明的生活方式,使生活质量得到进一步的提升。

综上所述,形体训练是获得形体美的主要途径。通过形体训练可以培养我们热爱生活塑造最佳的自我形象,增强自信心,为今后步入社会参与竞争,展现才华创造条件。同时,还能使自己从美好自身,完善自我开始,进而去美化生活,美化社会。

第四节　人体形态美的标准

爱美、追求美是全人类的共同心愿,是人的天性。千百年来各个国家或民族,由于物质文明和精神文明的差别,由于气候、地理条件、风俗习惯、生产和生活方式的差异,都有自己传统的美的观念。

人对形体美的追求是在生存条件得以极大改善的基础上发展而来的一种审美需要。在市场经济繁荣、社会政治稳定的历史条件下,人处在无忧无虑的积极乐观的状态中,在与自然相互协调中获得审美享受,也就必然把高级形态——人体作为审美的对象。这是健康进取的表现,是社会兴旺发达、国家经济稳定发展的标志。当然,追求形体美的程度也反映了每个人的文明水平和整个国家的文明程度。然而不同的时期、不同的时代、不同的民族、不同的区域、不同的阶层、不同的地位、不同的生活条件,有不同的审美观点,因此,评价人体形态美的标准也就不同。它是比较复杂的,涉及因素较多,因此形体美的标准也是相对的。人的美不仅是外表的美,还有内在的气质,是“综合美”在一个人身上的体现。正如苏霍姆林斯基所说:“美——是道德纯洁、精神丰富和体魄健全的强大源泉。”

一、人体的体型美

人体体型美所包含的基本要素为均衡、对称、对比、曲线。

1. 均衡

均衡是指身体各部分的发育要符合一定的比例。例如:头与整个身高,上、下肢与身高、躯干与身高的比例。上、下身的比例一般为5 :8,这些比例关系必须符合人正常发育规律的特点。

均衡还指身体的协调。一个协调的体型会给人竖看直立,横看宽阔的感觉。这种协调不仅包含人体各部分长度、围度和体积的协调,也包含色彩、光泽、姿态动作和神韵的协调。

2. 对称

人体的对称是左右对称,从正面或背面看身体左右两侧要平衡发展。在正常的站姿和坐姿时,人体的对称轴一定要与地面垂直。控制人体的对称轴的重要部位是脊柱,脊柱的偏斜、扭曲必然破坏人体的对称。除此之外两肩、两髋、两膝、两外踝之间的连线都要与地面保持平行。同时,面部器官和四肢也要对称。因四肢长期从事单一工作,或不当的生活习惯形成的不良身体姿势,都会造成身体的不对称,身体的不对称容易影响人的内脏器官的正常发育,对青少年来说,尤为重要。

然而,绝对的对称往往给人以呆板和僵硬的感觉,人的细小部分的不对称,往往使人生动活泼起来,如发型、服饰等。

由此可知,对称美和不对称美是相对的,不是绝对的,人们应在社会实践中不断总结美的真谛,为美化人类行为而努力。

3. 对比

在人们的审美观点中,常遇到两种不同的事物并列在一起,由于它们之间的差异和衬补,使事物显得更完美。如形体上的大与小、长与短、粗与细、屈与直,节奏上的快与慢、轻与重,行动上的动与静,都可以形成鲜明的反差,相互强调、相互辉映。

人的体型也必须符合对比美的规律:①人的体型要符合性别的特征,这是一种隐形的对比。男子需符合男性的阳刚之美,女子需符合女性的阴柔之美。②对人的身体还要注意几个重要的对比:一是躯干与四肢的对比,躯干是人的枢轴,应该给人一种稳定的感觉。四肢是人的运动器官,则应给人以灵活的感觉,如果躯干不直,四肢僵硬,只会给人弱而笨的感觉。二是关节和肌肉部位的对比。肌肉部位粗说明肌肉发达,关节部位细,说明关节外附着的脂肪少,显得灵活一些。③上、下肢的对比。人的下肢是完成各种动作的支撑部位,上肢则是完成精细复杂动作的运动部位。由于功能不同,对比要求也不同,下肢要有粗线条和稳定的结构;上肢则要求有细线条和多变的结构。

4. 曲线

人体形态曲线美的第一个含义是流畅、鲜明、简洁;第二个含义是线条起伏对比恰到好处。人体的曲线是丰富多变的,这些曲线的起伏对比应该是生动而有节奏的。如:胸要挺、腹要收、背要拔、腰要立、肩要宽、臀要圆满适度、大腿修长、小腿腓部稍突出、脊柱正常的生理弯曲要十分明显。

男女身体的曲线美要有所不同。女子曲线应是纤细连贯的，从整体看起伏较大，从局部看则是平滑流畅；男子的曲线应是粗犷刚劲的，从整体来看起伏较小，从局部看由于肌肉块的隐现而有隆起。总之，女子的曲线要显示出柔润之美，男子的曲线要显示出力量之美。

二、人体的姿态美

人的外在美，除了人体本身的静态美外，还表现在运动中的动态美。姿态美就是人体几种基本姿态所表现出来的静态和动态的美感，包括站立、行走、坐卧三方面的美感。它要求人的一举一动、一颦一笑都是协调的。坐立时，要优美挺拔，显得精力旺盛；行走时，抬头挺胸，要英姿焕发，刚劲有力；坐卧时，要姿势平稳，规矩端正，舒适大方，这样才能突出人的健康美。人们常说“站如松，行如风，坐如钟，卧如弓”，便是对人的形体美动态的审美要求。人的体型在一生中是不断变化的，相对而言，姿态美更为重要。人不是石膏塑像，是要由空间活动的变化和样式来确定其自身与周围环境的关系，稳健优雅端正的姿势，敏捷准确协调的动作，不仅本身就是一种美的造型，而且可以弥补体型的某些缺陷。

三、行　为　美

行为美与姿态既有联系，又有区别。行为美既包括了一个人的举止风度的美，更侧重于与道德意义的“善”相联系。培根说：“相貌的美高于色泽之美，雅秀合适的动作美又高于相貌的美，这是美的精华。”评价一个人的行为美与不美，主要看他是否符合社会道德规范，符合者为美，反之为不美。从这个意义上来看，行为是心灵的外在形式，反映着心灵的内容，美的行为表现美的心灵，丑的行为表现为肮脏的灵魂。

行为美要求人的行为必须符合社会规范，做到相互礼让，敬老爱幼，同情病残，讲究卫生，举止大方端正，自然豁达，不卑不亢，热情而不轻浮，勇敢而不鲁莽，豪爽而不落于粗俗，聪明而不流于油滑，自尊而不自大，谦虚而不虚伪。当人的行为充分显示出“善”时，人们就从这个行为上看到了美。

第二章　形体训练的内容及分类

第一节　形体训练的内容

一、基本姿态练习

人的基本姿态是指坐、立、行、卧。当这些基本姿态呈现在人们眼前时会给人一种感觉，如：身体形态所显示的端庄、挺拔与高雅，给人的印象是赏心悦目的美感（包括日常活动的全部）。俗话说，坐有坐相，站有站样。但是一个人若是光有好的体形，而不注意自己的基本姿态，也不会让人觉得是健美的。自古以来就有“站如松、坐如钟、行如风、卧如弓”的说法，实则是对人基本姿态的形象比喻和健美的要求。由于一个人的姿态具有较强的可塑性，也具有一定的稳定性，通过一定的训练，可以改变诸多不良体态，如斜肩、含胸、松胯、行时屈膝晃体，步伐拖沓等。

二、基本素质训练

形体基本素质练习是形体训练的最重要内容之一，在练习中可采用单人练习和双人配合练习两种形式。通过大量的练习，可对人体的肩、胸、腰、腹、腿等部位进行训练，以提高人体的支撑能力和柔韧性。为塑造良好人体形态，改善形体的控制力打下良好的基础。形体基本功练习的内容较多，在训练时，应本着从易到难，从简单到复杂的原则；同时也要注意自己和配合者的承受能力，不能超负荷，以免发生伤害事故。

三、基本形态控制练习

基本形态控制练习是对练习者身体形态进行系统训练的专门练习，是提高和改善人体形态控制能力的重要内容。是通过徒手、把杆、双人姿态等大量动作的训练，进一步改变身体形态的原始状态，逐步形成正确的站姿、坐姿、走姿，提高形体动作的灵活性。这部分练习比较简单，个别动作要求比较严格，训练必须从严要求，持之以恒。

第二节　形体训练的分类

从训练类型来分，可分为舞蹈类、体操类、健美操类、艺术体操类以及瑜伽类、普拉提类、舍宾类等。

一、舞　蹈　类

通过练习,使学生初步了解并掌握舞蹈类形体练习的基本风格、基本舞步、步伐、动作基本韵律的特点,提高学生动作的协调性、节奏感,培养学生的兴趣。使学生具有健美的身体姿态,而且可以锻炼、抒发和表达感情,美化生活。

(一) 舞蹈概述

舞蹈是艺术的表现形式之一,它是通过艺术的加工及人体动作提炼来表达人们的思想情感、反映人们的生活。舞蹈起源于劳动,与文学、音乐、美术有着一定的关系,也是人类历史上最早产生的艺术形式。世界上有许多民族都有着各自不同风格的舞蹈,它能鲜明地反映人们的思想、生活和信仰。

舞蹈也可以作为现代教育的内容,可以使培养对象具有良好健美的身体姿态,增强审美情趣,提高艺术修养。

(二) 舞蹈的分类

(1) 民间舞:民间舞一般指各国的传统舞蹈,具有鲜明的民族风格及传统特色。由于各国历史文化、地理环境、宗教信仰、生活习俗等方面的特点,造成了民间舞的样式繁多,风情醇厚。多彩多姿的民间舞,在历史的文化长河中世代生息演变,流传至今。

(2) 芭蕾舞:芭蕾舞是法语 ballet 的音译,它具有两层意思,一层是欧洲的古典舞蹈,是在欧洲各国民间舞的基础上,经过不断地加工丰富发展起来的;另一层指将哑剧、音乐剧等融为一体的,表现一段故事的戏剧艺术,称为古典芭蕾。芭蕾的特征是要求女演员穿上特制的足尖鞋,立起脚尖舞蹈。芭蕾发源于意大利,到 19 世纪初期,已成为一门独立的艺术。

(3) 古典舞:古典舞是指具有古典风格的传统舞蹈。中国的古典舞蹈大多源于戏曲艺术中,又在民间舞蹈的基础上提炼、加工,世界上许多国家、民族都有各具特色及风格的古典舞蹈。

(4) 现代舞:现代舞是创作形式具有自由思想的一种舞蹈,其舞蹈的特点是自由浪漫、不受程式的束缚,以自然的舞蹈动作表现思想情感。

(三) 舞蹈的作用

(1) 舞蹈是一种美的教育,培养良好的审美感觉。

(2) 有利于提高身体素质,增强形体与气质美感。

(3) 能培养想像力和创造力、集体观念和竞争意识。

(4) 感染人的思想、品质、情感,影响和陶冶人的性格、情操,培养音乐素质,表现和抒发各类情感。

二、体　操　类

（一）体操概述

基本体操是一种以健康为主要目的的运动项目，通过基本体操练习，可以达到锻炼身体、增进健康、培养正确的身体姿势、发展身体素质、提高机体工作能力、促进身体全面发展的目的，是广大青少年锻炼的极好内容。

尽管基本体操有几大类，但它们有共同的特点。首先，基本体操具有内容丰富、活动形式多样的特点，能较大限度地满足不同人的锻炼目的，其次，基本体操各个项目的动作及变化非常多，有简单的，也有复杂的，能满足不同水平的人对动作难度的需求；再次，基本体操绝大部分项目对场地、器材的规格要求不高，因此，它很便于普及。

（二）体操的分类

基本体操的项目内容非常多，大致可把它分为以下几类：

（1）徒手体操：如普及性非常广泛的成人及儿童广播体操。

（2）轻器械体操：如深受广大少年儿童喜爱的跳绳练习，以及实心球练习、体操棍练习等。

（3）专门器械体操：如爬绳、爬竿及肋木练习等。

（4）队列队形练习。

（三）体操的特点

（1）体操的内容丰富，形式多样，易于普及：它可根据不同的要求，不同的年龄、性别、身体条件、训练水平以及不同的设备，因人因地制宜，选择不同的项目与动作进行练习，以达到促进健康、增强体质的目的。尤其是基本体操便于推广，能适应广大群众和青少年的需要。

（2）体操能全面地和有重点地锻炼人体：合理地选择项目与内容，坚持锻炼，就能全面地增强各运动器官、内脏器官和神经系统，促进人体全面发展，还可着重锻炼身体的某个部位，或发展某种身体素质，进一步提高身体全面发展水平。

（3）体操有一定的艺术性：在体操教学训练和比赛中，对单个动作或成套动作，都要求动作准确、协调、幅度大、节奏感、姿势优美。团体操、女子自由体操和技巧必须有音乐伴奏，再加上体操运动员本身的体型美，能给观众一种美的享受。

三、健 美 操 类

（一）健美操概述

健美操是一项融体操、音乐、舞蹈、美学为一体，通过徒手、手持轻器械和专门器械的练习，达到健身、健美和健心的目的，是具有竞技性、娱乐性和观赏性的新兴体育运动项目。

(二) 健美操的分类

目前健美操种类繁多,分类方法也各不相同,如果以健美操活动的目的和所要解决的主要任务可分为以下几类:

(1) 健身健美操:健身型的健美操是为了提高健康水平和增强体质,达到体态优美、体型健壮等目的。

(2) 竞技健美操:以比赛取得优异成绩为主要目的的健美操。可分为单人、混双、三人、混合6人健美操。

(3) 表演健美操:目的是在表演中充分展示健美操的价值和魅力,陶冶情操、净化心灵、促进健美操运动的广泛开展。

(三) 形体健美操的作用

(1) 改善体形体态,矫正畸形:体形主要是指全身各部位的比例是否匀称、协调、平衡、和谐,以及主要肌肉群是否具有优美的线条。体态主要是指整个身体及各主要部位的姿态是否端正优美。我国自古以来就很重视姿态美,强调一个人要站有站相,坐有坐相。如果长时间不注意体态端正,就可能影响某些骨骼的正常生长和发育,如脊柱的侧屈、含胸驼背、缩脖端肩等,都直接影响体态美。

形体健美操能对身体某些部位的生长发育产生较大的影响,使关节周围的肌肉发达,从而加强了关节的稳固性。同时由于形体健美操有许多的伸展性练习,它可使关节囊、韧带和关节周围肌肉群伸展性增强,可提高关节灵活性。

科学、系统、针对性的形体健美操,可减少肌肉中脂肪含量,达到消脂减肥的目的,从而更有效地改善人体形态,使女性变得体态丰满,线条优美,明朗多姿,秀丽动人。

(2) 培养高雅的气质和风度:气质是人表现在活动中的强度、速度和灵活性方面的典型的稳定的心理特征,简而言之,它是一个人心理活动的动力性特征。

风度指人的言谈、举止、态度的良好表现,形体健美操不仅可以塑造人的形体,同时还可塑造美的心灵,只要具备高尚的情操,时刻注意自身的修养,就会逐渐形成一种高雅气质和潇洒的风度。

(3) 增强体质,全面提高身体素质:身体素质是指人体肌肉活动中所表现出来的力量、速度、耐力、灵敏及柔韧等基本能力的总称。它是人体各器官系统的功能在肌肉工作中的综合反映。良好的身体素质是体质增强的一个重要表现。为了达到形体健美的目的,通常采用多种综合性的训练手段进行锻炼。这样不仅仅使关节的柔韧性、灵活性、协调性得到发展,同时也可使内脏器官及新陈代谢得到改善,增强心肺功能。由于形体健美操的内容丰富多彩,决定了它对身体影响的全面性,可达到增强体质,全面发展素质的作用。

四、艺术体操类

（一）艺术体操概述

艺术体操是一项以自然性和韵律性为基础,在音乐伴奏下进行的徒手或持轻器械而女子所特有的运动项目。能充分展示韵律、柔美、优雅等女性健美气质。通过各类动作练习,可使女青年的身体全面发展,从而增进健康美、塑造形体美、陶冶心灵美。

（二）艺术体操的分类

（1）一般性艺术体操:动作以自然和协调为基础,目的在于增进健康,发展身体素质,促进形体健美。

（2）竞技性艺术体操:动作是在自然和协调的基础上,以更加精确、优美并具有一定难度技巧的身体与器械动作进行的成套竞技性练习。以提高运动技术水平和参加竞赛为主要目的。内容包括绳、圈、球、棒、带五种器械。

（三）形体艺术体操的价值

（1）增进健康,塑造健美体形:形体艺术体操与其运动项目相比,更适应女性的生理、心理特点,它广泛采用各种动力性、造型性的动作,体现女性的气质。适合他们的爱美心理,又能充分利用和弥补女子在生理功能、骨骼肌肉等方面的优点和弱点,因此它容易被女子接受和喜爱。长期进行形体艺术体操练习,能有效地增强肌肉、韧带的弹性,使全身关节灵活、肌肉发展匀称,有利于促进它们的正常发育,增进健康,塑造健美的体形。

（2）促进灵敏、协调素质的发展:形体艺术体操是一项非周期性的连续运动,不仅内容十分丰富,做法变化万千,而且要求各种不同性质的运作连续进行,及时衔接、快速转化,这就要练习者的相应皮质中枢不断地接受新刺激、新信息,不断地建立各种新的暂时联系,因此长期学习,能促进神经过程的灵活性。

（3）实施美育教育,提高鉴赏能力:形体艺术体操与美育关系密切,它不仅是体育项目,也是一种通过动作进行自我表现的艺术。它具有自然美,更充满着艺术美,美妙的音乐、高雅的舞姿、雕塑般的造型,以及音乐意境通过运动得到表达,内心情感通过肌肉活动得以抒发等,这一切使练习者深深地陶醉,从美的实践中感受到美,产生美感,对美感的不断追求,又促使他们去更多更好地表现美、创造美;对于观赏者,能被优美的形体艺术体操感染,他们的精神被振奋,获得赏心悦目的艺术享受。这样,在创造美、欣赏美、在美与美感的不断熏陶和磨砺之中,逐步增强了对美的正确感受、理解,有利于提高鉴赏能力,培养高尚的审美情趣。所以,形体艺术体操是他们美的精神食粮,是实施美育教育的良好手段。

（4）发展智力,培养观察记忆、想像、思维、创造能力:形体艺术体操是在大脑指挥下的身体练习。在传授知识技能、增进健康的同时,也按照他自己的方式影响着智力发展。形体艺术操教学具有鲜明生动的实践性和复杂多变性。在教学过程中,它要求学生不断努力，识记各种动作的外部形态、技术结构、动作做法、动作要领、动作规格，每个动作的幅度、速度、力度、节奏及人体在空间的方法、运动方向路线的变化、动作间的连接方法、动作次序等，这对练习者的观察、模仿、记忆能力无疑是个极好的锻炼。形体艺术体操教学中特有的创编活动及它与音乐的结合，能大大丰富练习者的想像力，锻炼其思维和创造能力。

（5）培养练习者的个性，完善心理，增强合作意识：通过形体艺术体操练习能培养勇敢、果断、坚韧的意志品质；加强集体意识，同志之间的相互配合、协作，对工作的认真、仔细、责任感，主动性和创造精神；同时能够有效地增强自信心，培养练习者的应变能力。

五、瑜 伽 类

（一）起源和发展

瑜伽作为一种精神的、意念的和身体的健身功法已经流传了几个世纪，它起源于印度，是古代印度哲学弥漫差寻6大派中的一派。在梵文里，“瑜伽”（yuji）这个词的意思是肉体与精神的和谐统一，字面意思是结合、连接，又是自我（atma）和原始动因（the original cause）的结合（the unoon）或一致（onene-ss）。瑜伽一万多年以前就存在于印度和世界各地经过代代相传而发展起来。在印度河流域，即现在的巴基斯坦曾经进行过大量的考古研究工作，在发现的许多资料文献当中都有关于shiva君主，他被认为是瑜伽的创始人，而他的妻子Parvati则被认为是他的第一个弟子。

在古代，瑜伽技术是保密的，从来没有被记载下来或是公开让公众观看，而是由宗教领袖和瑜伽老师用口述的方式代代相传下来。

在西方国家20世纪60年代的嬉皮士们把它介绍给更多的人。在伍得斯托克（Woodstock）和黑特·阿什伯利年代，十几、二十多岁的年轻人寻找反对现有习俗和反西方的文化，这就促使他们探索他们自己的世界内在的意义。一向注重及相信医学理论的西方国家，也不得不向古老的东方文明致敬，不仅因为瑜伽的体位法、呼吸法直接促进身体功能的活跃，冥想法在注重个人意识的西方人眼里，更是关心自己心灵的一个方式。

瑜伽对于中国也不是新鲜事物。中国的哲学家们肯定很久以前就已经对瑜伽有所知闻了。如果不是在佛教传入以前的话，起码是从佛教传入时就知道了。事实上，瑜伽是全世界乃至全人类的财富。

现代瑜伽作为人类精神遗产被重新得到重视。它代表人体和精神的发展规律。瑜伽健身对人体的各个方面，如生理、精神、情感等都起到良好的作用。任何了解瑜伽的人们都会喜欢上它，因为它不会给你带来任何的副作用。除了有意识的呼吸以控制心灵之外，在姿势上则以肉体和生理的操作为主，而冥想则是以追求心理和精神为诉求，也就是说，借由呼吸、姿势和冥想达到身、心、灵的追求，同时也成为人们追求形体美的练习手段之一。

引领瘦身风潮的好莱坞巨星如麦当娜、简·方达、詹妮弗·洛佩兹、理查·吉尔纷纷向瑜伽靠拢，使之多了一层时尚的外衣，练瑜伽仿佛成为跟随流行脚步的标志。瑜伽风潮的蔓延，从街头巷尾建立了大大小小的瑜伽社团、个人工作坊，到书店非文学类柜台触目可及各种介绍瑜伽的书籍杂志，你还能从网上找到研究瑜伽的社团和信息，可见古老的东方文明至今仍深深影响着世界健身领域。

（二）作用

1. 预防和治疗慢性病

现代社会的工作压力越来越大，人们的心理压力也很大，患心理疾病的人很多。瑜伽冥想的练习会使人们的内心变得更平静、更平和；没有怒气、没有怨气，减少可能由于紧张与忧虑引起的疾病，瑜伽的各种体位法，可按摩身体内部器官，不仅可促进血液循环，伸展僵硬的肌肉，使关节灵活，还可使腺体分泌平衡，强化神经，起到预防和治疗慢性疾病的作用。

全世界的医疗团体越来越多地推荐哈达瑜伽作为预防和治疗慢性病的方法。这些疾病包括冠心病、焦虑病、高血压、肌肉和神经疾病如纤维肌痛等。

2. 保持身心健康

掌握情绪、强化自我精神、舒解忧愁和抑郁、抗压解疲劳，这是现代生活中每个人不断告诫自己的话，真正活得自在，活得没有烦恼的人有几个呢？心灵是需要不断地强化及净化的，就像人呼吸新鲜空气一样，学习瑜伽，从身体的调息直到心灵净化，这是一连串的连锁反应。人的思想和情感是存在于体内的，借着锻炼和放松身体，身体持续不断地进行瑜伽练习，将意识集中于伸展及强化部位。当身心完全放松，专注于伸展肢体时，体内会产生一种让人心情愉快的“脑内啡呔”，安定心绪，逐渐达到“身松心静”及“身心合一”的境界。

使用腹式呼吸法可强化腹腔内脏，控制呼吸的快慢，可调整自律神经，控制心率，缓和紧张情绪。

3. 提高身体柔韧性，塑造形体美

瑜伽的姿势能使你身体的每块肌肉慢慢地伸展，给你的身体带来无限的能量。练习中把注意力集中在身体变化所产生的感觉上，体会到身体肌肉的伸展、拉长，防止肌肉组织功能下降，肌肉富有弹性，消除肌肉萎缩和关节僵硬，使肌肉的肌纤维拉长，变细。同时身体的柔韧性得到改善。

瑜伽可塑造体形，是从根本上改变体质。肥胖型的人，大都饮食过度，多锻炼腹部姿势，可使反常的食欲恢复正常。此外，造成肥胖的原因可能还有意志薄弱，通过瑜伽的练习，让你在面对美食的诱惑时，会有更加的控制力。对于内分泌失调或其他妇科原因的肥胖，也可借助瑜伽各种体位法，达到很好的控制效果。

4. 改善内脏功能，促进吸收及消化系统

经常正确地做瑜伽练习，能使交感神经系统和副交感神经系统平衡起来，这意味着受

这两个系统影响或支配的各内脏器官不会活动亢盛或不足。瑜伽的姿势也是一种辅助治疗的运动,通过身体的扭转,挤压姿势,可以加强肠胃的蠕动,增强消化液的分泌量从而加强消化与代谢功能。同时使肾脏供血充足代谢加强,对胃病和脊椎病的辅助治疗起作用。

配合腹式呼吸法练习可提升内脏功能,促进并调和循环、消化及内分泌系统功能,镇静神经系统。

5. 达到生理平衡,保持青春

瑜伽练习对保持人体生理功能,如调整呼吸、心率、流汗、体温等的平衡很有好处。瑜伽重建人体功能的平衡效果显著。通过有规律的练习,可使人们获得灵活性、平衡性、坚韧性以及对疾病的抵抗力,还可消除疲劳和安定神经,从而使人在睡眠中得到真正的安宁,释放能量让大脑放松,提高身体的敏感度。

瑜伽的完全呼吸,能控制身体,使身体处在良好的健康状态,进而促进精神的活跃。还能使人的心情常处于一种喜悦的状态,将对生命向上的活力原原本本地输入体内,使人常葆青春。

(三)基本练习方法

1. 瑜伽姿势

瑜伽姿势的意思是指一个人在身体上和精神上能够保持稳定、平静、超脱和舒服的意思。在瑜伽圣典中说总共有 8 400 000 种不同的瑜伽姿势,代表了 8 400 000 种不同的印度文化。其中 8 400 种又是其中最卓越的,84 种是有特别说明的。瑜伽姿势是瑜伽体系中最基本的,除去这 84 种以外,其他的瑜伽姿势就可能会各自有所不同,但是只要你集中精神练习都能学好。

2. 瑜伽的三部分训练过程

下面列举瑜伽的三个部分训练过程。记住,在做这些动作时要配合呼吸。

(1) 热身运动:按摩肌肉,做些运动来提高体温,为接下来更剧烈的运动和深度拉伸做好准备。运用呼吸可以帮助更好地热身。

(2) 体位训练:这是中间部分,"找到你的节奏",并进行全面的瑜伽体位训练,在进行训练的时候,可以根据需要调整姿势来放松肌肉,注意深沉而悠长的呼吸有助于练习者舒服地做到这些体位。

(3) 深度拉伸

1) 拉伸:完全热身和运动之后,肌肉已经可以做更深入的拉伸,保持有意识的呼吸。

2) 放松:在起身之前,必须做放松、平静的呼吸和冥想。

3. 瑜伽的基本技术

瑜伽呼吸是自然而完全的呼吸,正确的呼吸可以加强全身的系统功能,增进健康,增强生命力。呼吸是间于瑜伽姿势与冥想练习中,吸气比呼气更加强调,因为正确的吸气可以清洁肺部及加速消除体内的毒素。

（1）腹式呼吸：仰卧平躺：把一只手放在腹部，吸气时把空气直接吸向腹部，腹部就会鼓起来。呼气时腹部下沉，要慢慢地，深深地呼吸，注意吸气时肋骨是向外和向上扩张的；呼气时肋骨是向下并向内收的。它可以把空气带入肺部最宽最底部，增加呼吸量。

（2）胸式呼吸：仰卧或坐姿，深深吸气，不让腹部扩张，把空气直接吸入胸部，喉咙及支气管。

（3）完全呼吸：是一种自然的日常的呼吸方法，把腹式呼吸和胸式呼吸结合起来完成的。吸气时尽量将胸部吸满空气而扩张到最大程度，双肩可略微提起，胸部也将扩大，腹部会向内紧收。呼气时先放松胸部，然后放松腹部。有效地交换体内所需的氧气，加强排泄体内的废气物，滋养身体的每一个部分，减慢心率增强肺活量和耐力，按摩内脏。

（4）口吸式：向内吸气一口，两手拇指按向鼻子两侧充满气，仰头屏住气，低头，停住。抬头，松开拇指，通过鼻孔呼气。增强肺活量，内集中能量，刺激精神系统。有站立、坐式、地面（仰卧）站立和前弯、后仰、侧弯、斜面。

（四）基本要求

（1）配合呼吸，并且深呼吸和有意识地呼吸。

（2）保持良好的态度：具有一个开阔而专注的态度，会让你感到内心的平静。

（3）保持根基稳固：要确保自己用整个脚掌（或腿或屁股）牢固地站在地上。

（4）调整好体位：姿势要使自己感觉良好。

（5）接受意念：身体运动要连贯放松。

（6）冥想：尝试呼吸与集中精神来保持自己进入状态。

（7）严格的饮食习惯：吃得要适中，只要能不饿就行，尽量吃清淡，有营养的食物，提倡素食。

（五）注意事项

（1）不要误认为瑜伽可以包治百病，对于健康人和恢复期的人群可以起到预防疾病，强健身体及改善提高精神状况的作用。

（2）不要鲁莽剧烈地做动作，也不要在猛烈拉扯身体之后马上停下来。

（3）特别注意呼吸方式，以帮助放松和集中精神。

（4）除去各种饰物，穿着宽松舒适的衣服，以便身体活动自由。

（5）最理想场所是在空气流通，清新的，有足够空间伸展肢体的场地。

（6）不要在吃饱之后马上练习，应该在餐后 2 ~4 小时练习，或是少食的 1 个小时之后开始练习。

（7）有高血压或心脏问题，应避免过多站立练习或后弯曲练习。

（8）有髋关节错位问题，应避免进行坐姿练习。

（9）有背部伤痛或脊柱、椎间盘错位等问题，避免做前屈、侧屈或脊柱拧转的动作。

（10）有眼睛、耳朵、神经、头、颈部、背部的问题或伤痛、月经期、高血压、偏头痛、眩晕等问题时，要避免练习肩倒立或其他倒转身体的动作。

(11) 有膝关节问题,避免进行跪姿的动作或向后弯曲的动作。

(12) 有骨质疏松或背部僵硬,要非常小心地尝试伸拉、拧转或向后弯曲及侧转的动作。

(13) 不要在怀孕期间开始练习瑜伽,如果在怀孕前已经开始练习瑜伽,可以继续练习,但要十分小心,温和地去练习。

(14) 不要急于求成,练习时要将每一步骤都做准确,循序渐进地进行尝试及练习。

(15) 不要和别人进行比较,要同自己上一次的练习去比较,以增强自信感。

六、普拉提类

(一) 起源和发展

普拉提(Pilates)训练法是由德国人约瑟夫·普拉提创立并推广的。最初约瑟夫·普拉提为了克服身体的疾病、恢复健康,揉合了东方和西方不同的运动概念,创立了一种结合东方的柔韧和西方的力量两者的优点的锻炼方式。长期的锻炼过程也使他积累和总结了一套独特的均衡肌体的训练体系,该体系传播速度极快,并受到越来越多的人的认可和欢迎,也被芭蕾体操等相关项目列为特殊的训练方法。它最初被用来给运动员和病人进行运动功能的恢复理疗,后来逐渐发展成为一个健身运动。这项运动运用意念来指导运动,进行调身、调心,同时对减肥、改善身体姿态有神奇的效果。近两年,普拉提也在中国兴起。现在,普拉提已演化为一个代名词,泛指所有运用 JOSERH PILTES 动作来锻炼的课程,该课程可以是集体健身课程,或是由一个教练为了纠正某种损伤,肌肉不平衡或其他身体问题而开设的私人训练课程,普拉提集体课是专为在办公室工作的人群设计的,他们由于长时间在办公桌和电脑前工作导致肌肉发展失衡,这种课程主要是针对腹肌、髋肌群、肩、背等部位的肌肉训练。有规律地进行普拉提锻炼可纠正身体姿态,放松腰部颈部,收紧手臂与腹部的松弛肌肉,现在有很多专业运动员也用普拉提练习来避免运动损伤。

(二)特点与功效

呼吸和运动的配合是普拉提训练法的核心,强调了人的呼吸对人体运动的影响。它的每个姿势都要与呼吸相协调。普拉提健身操把东方的柔美和西方的刚毅合二为一,它的动作缓慢清晰,吸收了古老的瑜伽和太极的动作精髓,用节奏把呼吸、冥想、柔韧、平衡有机结合在一起,在达到舒伸身体的同时,又能使心境得到良好的平抚。特别适合缺少运动、长时间面对电脑和朝九晚五的上班族。普拉提的运动强度不是特别大,但讲究控制、拉伸、呼吸,对腰、腹、臀等女性重点部位的塑造有着很好的帮助,更适合现代女性对形体美的要求。长期坚持普拉提训练能够拥有结实的肌肉、协调而柔韧的躯体。

普拉提通过优美、缓慢、简单的大幅度动作锻炼肌肉,使身体更加纤长、灵活、线条柔软而健美;而动静结合的动作安排,使身体既有紧张也有放松,从而加强身体器官的功能,增强身体的柔韧和协调能力;由于普拉提锻炼的核心部位是身体中段,而现在很多人腹部脂肪较多,也可以通过普拉提进行减肥。值得一提的是,普拉提运动相对平和,几乎不会产生对关节和肌肉的伤害。普拉提是一种肌肉深层练习,通过一些速度缓慢的动作,较长时间地控制肌肉,达到消耗身体各部位的能量的目的。普拉提最独特的地方在于它把练习重心放到了精神层面上,通过呼吸和精神控制让练习者能面对自己的内心世界。在练习中,还可以借助哑铃、体操棒等健身器材对身体进行训练。普拉提近来受到欢迎的很大原因,是不受场地限制,拿块垫子,甚至在地板上就能练。它既融入了西方人的"刚",即注重身体肌肉和功能的训练,又融入了东方人的"柔",即强调练习时的身心统一,每个姿势都要和呼吸协调。

(三)正确练习方法

1. 正确的姿势

它是在舞蹈和运动的基础上进行肢体调整,加强身体的功能。正确的姿势是保持腹部和背部集中适当的力量,让肌肉能够支持脊椎。有力的腹部肌肉形成支持脊椎的"力量区域"。当你正确地挺起腹部和背部并加强其他肌肉的用力时,整个身体就达到了自然和理想的状态。这样的姿势会帮助肌肉有适当的运动。因为不是通过幅度很大的动作来完成练习,所以正确的姿势绝对重要,否则就得不到效果,还会疲劳和流汗。普拉提不仅仅能够改善人体的外在形态,其实,它在治疗一些疾病方面还有特殊效果。例如身体肿胀、腰背疼痛、便秘、疲劳、静脉曲张等。

2. 良好的呼吸

要学会普拉提,首先就要学会呼吸。普拉提的呼吸与我们日常的呼吸正好是相反的,它要求运动者在呼气的时候学会运用腹部的肌肉。所有的运动都要基于呼吸。运用呼吸来调节运动。如果呼吸正确,就能够使腹腔肌肉得到充分的激活腹腔肌肉,并能最大程度地释放压力,这也是普拉提和瑜伽的相似之处。良好的呼吸方式应该是以头脑、身体、精神来进行的,这样可以使练习者的肉体和心灵压力一扫而空。呼吸的时机必须正确,与我们通常的呼吸不同,普拉提运动在呼吸时要求在用力动作时吸气(这时你的腹部处于伸展状态),而在收紧腹部时呼气。正确的呼吸方法是:

(1) 用鼻子吸气,用嘴呼气,讲究呼气的深度,尽可能地运用腹式呼吸的方法。

(2) 呼吸的速度不易太快,与动作的速度基本一致,不要憋气进行训练。

(3) 运动时注意呼气,静止时注意吸气。这样可以缓解因肌肉用力而给身体内部带来的压力。

(4) 通过控制呼吸,把注意力集中在呼吸上,减少人对肌肉酸痛的敏感度。

(四)简易练习动作示例

● 动作1

背躺在地板上,颈部放松,保持脊椎的自然弯曲。吸气5拍,慢慢吐气5拍,同时收缩腹部并起上体。

● **动作 2**

仰卧在地板上，腹部收缩，并且双脚离地。背部需要尽量贴紧地面，同时颈部放松。呼气时把脖子梗起来，使头部离开地面，同时提膝并靠近上身。

● **动作 3**

面朝下俯卧。头顶心向前顶，沉肩。收缩腹部的肌肉，将你的肚脐部抬离地面。在整个动作中你都必须保持这个位置。吸气并且抬头，手臂和胸部离开地面，背部肌肉收紧。呼气后再慢慢放下。呼气时上身躯干静止，将两腿抬离地面，抬到背肌不过度紧张的高度。

● **动作 4**

双手撑地，呈俯卧撑的姿势。腹部、臀部收紧，身体躯干呈一条直线，静止 20 秒。身体中心躯干轻轻地上下移动，抬起、放下，反复做 12 ~ 15 次。

● **动作 5**

呈俯卧撑的姿势，和动作 4 的前半部分一样。抬起左腿，同时吐气，髋关节不能移动。注意，要通过腹部肌肉的收缩来带动抬腿的动作。当你把左腿放下时吸气，再换抬右腿时吐气。确保你的髋部不移动，背部要挺直。还要做到沉肩，并尽可能伸长颈部。两腿轻轻地交替抬起、放下，保持均匀的速度。这几个动作可以循环练习 2 ~ 3 次。

（五）练习注意事项

普拉提健身运动不受空间的限制，在很小的地方就可以练习，但是由于动作缓慢，加上肌肉的控制、呼吸的配合，和身体感受的变化，使本来看似简单的动作，做起来有一定的难度，需要有正规的教练在旁边进行引导。普拉提运动可以根据自身的身体感受一周做三次或者天天都做，每次锻炼一般可以保持在 45 分钟到一个小时之间，由于普拉提运动不属于心肺功能锻炼，所以并没有严格的时间限制。另外，在练习普拉提运动 45 分钟之前不要进食，运动后也需要半个小时的身体调节才能进食。

七、舍　宾　类

（一）起源与发展

舍宾是 Shaping 这项运动的中文名称，其英文含义就是形体雕塑。舍宾的思潮在于美国，而真正的"SHAPING 人体美化工程系统"产生于俄罗斯。在欧洲，20 世纪 70 年代末兴起了舍宾运动，开始主要在前苏联，后来传遍欧洲，并迅速向世界发展的一种多功能产业型形体锻炼运动项目。

舍宾的英文含义是"塑造人体外形"，该运动是由一批前苏联体育专家同众多学科（如计算机、营养、美学、美容、舞蹈艺术）的专家在体育大众化改革中共同合作、多年研究的结晶。通过形体训练，力量练习以及有氧运动（主要指健身健美操）的形式来改善人体的健康状况与外形。

这是一项由俄罗斯提出的全新运动概念。它基于对现代人体健康及人体美所做的深刻分析，认为现代人正在追求5个层次人体美，即：健康、静态形体美（外形、肢体围度、脂肪百分比、皮肤护理等）、动态美（姿势、表情、动作等）、气质美和整体美（包括自身和服饰、发型、化妆的协调配合）

根据这种运动概念，90年代，俄罗斯运动专家经潜心摸索得到大量科学数据，制成了一套先进的电脑系统，包括人体体形测评、运动处方、营养参谋、Shaping风格摩登女装设计方法，以及发型、体形匹配设计。在这个软件的辅助之下，开始了“运动+营养+医学+美学”的全新训练。

舍宾运动体系已先后获得七项专利，内容包括：人体形体测量评估系统、形体训练程序、方法与运动处方系统、局部软组织训练方法系统、营养指导系统、舍宾风格的时尚女装设计方法系统、发型-体型指导设计系统。

1997年4月，舍宾运动传入了北京。在任何一家舍宾俱乐部，新会员都首先要接受电脑的测评：电脑评价系统根据人的骨骼类型、遗传条件，把人的体形分为9大类型，并建立各种形体类型的最佳模式标准；之后进行医学、营养、功能形体和运动五大测验。

（二）作用

舍宾就是英语“Shaping”的译音，指的是形体雕塑，它通过电脑测评分别制定出适合个体的“营养+运动+医学+心理学”不同的训练处方，完成从形体美到总体形象美化，从外在姿态美到内在气质美的培养。舍宾形体运动设定的人体健美标准是形体的曲线美和围度的比例美。参加舍宾运动先要做一次身体测试，以后每个月进行一次复测，以便调整训练计划。

舍宾不是一般意义上的运动项目，该运动是由一批前苏联多学科专家，吸取了健美运动、体育舞蹈、保健医学、营养学、人体美学等先进成果，应用计算机技术，经十多年的实践研究，所推出的集人体测验评、形体雕塑、形象设计、整体美化于一体的人体美化系统。“要健康更要美丽”，人类追求美的境界在不断提高。舍宾将会得到更多人的欣赏。

（1）舍宾全面雕塑构件作用：健康美—静态美—动态美—气质美—整体形象设计。

（2）舍宾的模型标准作用：舍宾的模型标准不是统一的，而是以每个人先天遗传的骨骼结构类型为标准进行设计的。

（3）舍宾的个体训练作用：舍宾训练处方是将形体测评、体能测试、医学测试等信息输入计算机，得到一个完全针对个人的形体训练计划。

（4）舍宾系统的营养处方作用：综合每个Shaping参加者的营养测评信息及身体测评、运动处方等信息后，针对个人的形体雕塑和基本健康需要而指定。

（5）舍宾的减肥作用：通过一系列的人体功能和代谢平衡方面的电脑测评，测定个人的身体状况是否需要和能否减肥，以及体脂分布状况。参照每人的不同数据，分别制定一套准确率很高的肌肉和脂肪分布测评方案，为减肥和形体雕塑打下基础。然后通过与传统运动理念迥然不同的舍宾运动来训练，以达到安全减肥。

（6）舍宾的健身治疗作用：对于失眠症、精神衰弱、高血压、肠胃病、胃下垂、妇科病等疾病，进行舍宾练习都有一定的治疗作用。

(三)练习方法

人的体形伴随年龄的增长、生活条件的改善、饮食结构的变化,往往会不知不觉地发生许多改变,比如发胖、臀大、腰粗、曲背、突腹、四肢变形等,严重地影响形体健美。对于普通人来说,尤其是对于职业上班族,从事一些简易健美运动锻炼加以形体规范,实在很有必要。下面介绍十种舍宾的简单训练方法。

1. 调适运动

身体直立,右脚前跨半步,与左脚呈丁字形,双臂左右平伸。弯腰向前,左手在右脚前方触地;心中默数 1 到 10。身体直立,收回右脚,左脚前跨半步,与右脚呈丁字形;双臂左右平伸,弯腰向前,右手在左脚前方触地,心中默数 1 到 10。如此,左右两侧弯腰转臂各做 5 到 10 次。弯腰时上半身保持平衡,脊柱伸展有力,双臂左右摇摆,维持身体平衡,调适肢体匀称。

2. 侧身运动

身体直立,右脚向外,左脚向前,呈丁字形,保持站立平稳。双臂向左右两侧平伸;然后,身体向左侧弯 30 度,头略转,眼视线随右手臂方向凝视,心中默数 1 到 10 。身体直立,左脚向外,右脚向前,呈丁字形,保持站立平稳。双臂向左右两侧平伸,然后,身体向右侧弯 30 度,头略转,双眼视线向左手臂方向凝视,心中默数 1 到 10 。如此,左右两侧弯腰展臂各做 5 到 10 次。动作注意挺胸收腹,肩臂展平,锻炼两侧均衡协调,肢体匀称发展。

3. 伸腿运动

身体直立,双腿分开,相距半步,双臂上举。然后,上半身向右侧弯,头与双臂同时向右,右腿稍弯,左腿向右伸直,脚尖着地,心中默数 1 到 10。身体直立复原,改为上半身向左侧弯,头与双臂同时向左,左腿稍弯,右腿向右伸直,脚尖着地,心中默数 1 到 10。如此,左右两侧侧弯腰伸腿各做 5 到 10 次。保持伸腿平直有力,臀部紧缩,大腿与小腿肌肉匀称发展,外形丰满圆润。

4. 展臂运动

身体直立,右脚向前跨出一步,与左脚形成丁字形。身体上半身平直向前倾俯,左脚跟抬起,脚尖着地,身体与左腿成直线,与地面成 30 度角,双手臂向身体两侧平伸,双眼目光俯视地面,心中默数 1 到 10。身体起立复原,改为左脚前跨一步,右脚跟抬起脚尖着地,身体俯倾,与右腿成直线,并与地面成 30 度角,双手臂左右平伸,目光视地,心中默数 1 到 10。如此,两侧各做 5 到 10 次。注意腰背平直,俯倾适度,收腹缩臀,臂腿协调。

5. 俯身运动

身体直立,双手臂在身体两侧左石平伸,左脚站稳,右腿后抬,上半身前倾,同时从胸中呼出“ 哈!”的声音,稍停,心中默数 1 到 10 。身体直正复原,然后,变换方向,改为右脚站稳，左腿后抬，同样动作再做一遍。如此，两侧各做 5 到 10 次。注意单腿站稳，上身保持平衡，挺胸收腹，背腰挺直，呼吸流畅。

6. 弓腿运动

身体直立，双手臂在身体两侧平伸，左腿略弓，左脚站稳，支持身体重心。右腿后伸，脚尖着地，保持平衡。身体向左前倾，双臂随之倾斜，上身平直，目视前方。心中默数 1 到 10。身体直立复原，然后变换方向，右腿略弓，左腿后伸，同样动作再做一遍。如此，双腿交替各做 5 到 10 次，注意弓腿有力，锻炼大腿小腿肌肉，协调四肢，挺胸收腹，保持平衡。

7. 踢腿运动

身体直立，右侧站稳，左腿前伸，用力挺直，左手臂后伸，右手臂前伸，掌心向上，目视右手，心中默数 1 到 10。身体直立复原，然后变换方向，左脚站稳，右腿前伸，用力挺直。同样动作再做一遍。如此，双腿交替各做 5 到 10 次。注意单腿直立时，重心平稳，力度均衡，踢腿用力，上身平衡。

8. 平衡运动

双腿分开，相距一步，脚呈八字站立，双手臂在身体两侧斜上方直伸，手指伸直。昂首收颌，挺胸收腹，双腮用力挺直，心中默数 1 到 10。行腹式呼吸，心境平和，神态自若，身体直立复原。再按同样动作重复做 10 到 20 次。注意身姿匀称，脊柱平直，双腿挺立，呼吸均匀，保持形体姿态平衡。

9. 举臂运动

双脚分开，相距一步，脚呈八字形站立。双手臂向身体两侧平伸。缓慢抬起右臂，略微屈肘，小臂上举，心中默数 1 到 10。行胸式呼吸。身体直立复原，然后，双臂变换方向，左臂曲肘，小臂上举，同样动作重复做一遍。如此，双臂交替各做 5 到 10 次。注意举臂稍慢，脊柱挺直，同时收腹缩臀，双腿挺直用力。

10. 协调运动

身体直立，右脚向前跨出半步，双手臂在身体两侧左右平伸，这时右腿屈膝弓腿，左腿向后叠起屈膝下弯，呈半跪姿势。左手臂向内屈肘，右手臂向斜上方伸展。身体向左侧倾，头随之稍转，双目视右上方，心中默数 1 到 10。身体直立复原，然后变换方向，同样动作再做一遍。如此，身体两侧各做 5 到 10 次。注意肢体弯曲适度；动作准确，臂腿协调，呼吸均匀。

上述动作需要一次连续做完。可自选一段轻松乐曲，身着弹力体操服，在清晨或是晚间饭后睡前进行，宜隔日一次。每节做的次数亦可按自身的耐受力酌定。经常锻炼有益于规范形体姿态，促进身心健康，锻炼可以延缓衰老，也可以增加与人的接触和交流，任何一种锻炼，既是健身的手段，更是交流的拓展。

舍宾作为高质量的形体雕塑，整体美化设计工程系统可以说在美容界或是体育运动界都是一个先进的科学的可操作系统。

(四) 基本要求

舍宾的最佳运动负荷和运动节奏为每周训练 2 次,每次不少于 1 至 1.5 小时。这是因为人体肌肉和骨骼有 72 小时的恢复期,即运动维持量及脂肪消耗可以达到 72 小时。

Shaping 中文译成“舍宾”,是人体美化系统工程的代名词。舍宾形体运动体系的创立时间不长却成为惟一以其系统专利许可权进行跨国连锁发展的运动项目。

舍宾专家认为,人的形象设计概念引自现代企业形象设计——CI 概念,它是由 VI——视觉识别系统,BI——行为识别系统和 VI 理论识别系统构成的,是由理论到行为到外观的整体形象定位。舍宾作为高质量的形体雕塑,整体美化设计工程系统可以说在美容业界或是体育运动界都未能创造出这样一个先进的科学的可操作系统。

(五) 舍宾系统的形体测评

舍宾系统的创造者用了近十年的时间,通过大量的人类形态数据的调查和处理,以人类不易改变的骨骼结构特征为依据,将人类分成九种不同的骨骼结构类型,从而解决了人类形体评价方面的世界性难题,并以此为划分基础,在上述九种不同类型的群体中取得标准模特数据。因此模型标准同样也具有广泛的代表性。每个骨骼结构类型的人在舍宾的模特中均能找到自己通过努力即可能达到的标准。

(六) 舍宾系统的运动处方

舍宾系统的评测不只是形体评测。为了给出运动训练处方还必须进行体能测试和医学测试。将上述测试的信息加上形体评测信息输入电脑,才能得到一个只属于个人的形体训练计划。舍宾运动,对脂肪的局部消耗和全身消耗兼而有之。另外,也许大多数体脂高的人肌肉内生化环境好,经常运动,体脂比较低的人安静时代谢功率更高。因此,在舍宾的综合治理中,运动处于重要位置。此外,所有减肥方法中通过舍宾系统锻炼改善了肌肉内生化环境的人,由于消除或减轻了体内增肥因素,所以其反弹是各种减肥方法中最少、最慢的。

(七) 舍宾系统的营养处方

舍宾运动不提倡单纯的“节食”,只有合理的营养调配——即舍宾营养处方。舍宾的营养处方不是一般的营养原则,也不是凭医生和专家经验得出的饮食配方,它是综合每个舍宾参加者的营养测评信息,身体测评及运动处方等信息后,针对每个人形体雕塑和基本健康需要而制定的科学化配餐表。其作用是与运动处方配合起到最佳的形体锻炼效果。舍宾的营养调配的另一指导思想就是以人类的自然饮食为基础,各种合成的减肥营养品都只能作为万不得已的辅助减肥用品,因为剥夺人的饮食乐趣是不可取的,也是任何人无法长期坚持的。

（八）注意事项

1. 训练外的营养规则

（1）建议少吃多餐，每天4～5次，多以水果和蔬菜为主，少吃或不吃高热量的食品。

（2）无论是否训练日，睡前2～3小时不可进食。

（3）请在月经后的第一节课通知教练并预约测量时间，测量时间一经约定请不要迟到，以免错过测量时间。

星期五晚上自己去做舍宾运动，可以弥补平时的运动不足，满足在现代文明社会里人性潜在的破坏欲，缓解生活的压力。

2. 训练当天的营养规则

（1）训练前5小时和训练后5小时不能食用任何动物蛋白质食物，如鱼、牛肉、牛奶等。

（2）训练前3小时，可进最后一次正餐，可以食用少量主食及素菜类食物。

（3）训练前2小时，必须吃些少量水果或新鲜蔬菜。

（4）训练后不得马上饮水，训练1小时后方可喝水，但仅限于白开水、矿泉水、纯净水、无糖茶水。

（5）训练后经过3小时可以进行正餐，我们建议最好在吃正餐前先吃些水果，这样可以减轻胃部饥饿感。

舍宾体系主旨在于要雕塑出人的整体美，以人的健康为中心，在外形、围度、脂肪百分比、皮肤等方面，对一个人进行全方位、综合系统的训练。

舍宾的营养系统依托于对个人的饮食、维生素等营养信息的调查，以身体测量数据为基石，形成健康合理的饮食规律，让你通过饮食使自己的曲线变得更迷人！

第三章　形体训练的教学原则及教学方法

第一节　形体训练的教学原则

体育教学原则是体育教学过程客观规律的反映，是通过长期教学实践积累起来的经验总结，对体育教学活动具有普遍的指导性意义。在形体训练教学过程中，应根据该项目的特点，正确地贯彻与运用体育教学中的各项基本原则。

一、教师主导作用与学生自觉性相结合的原则

形体训练的教学过程是教师与学生相结合的双边活动，师生双方的自觉性和积极性是决定教学效果的重要因素，缺少任何一方的自觉性和积极性，是不可能收到良好教学效果的。其中教师的积极性和主导作用的发挥更为重要。因此，教师应具有强烈的事业心，精通本课程的理论、技术和教学方法，善于启发和调动学生的积极性，注意对学生能力的培养，使他们的才能得到充分地发挥。贯彻此原则应注意以下几点：

（1）教师要以自己严格认真、亲切耐心的教态和有条理的教学组织以及丰富的知识去诱导和教育学生，并通过向学生讲解形体训练的锻炼价值，开展这项活动的重要意义等，使学生热爱该项运动，指导启发他们对形体训练姿态美、动作美、音乐美及情感美等的感知与表现，启发学生的学习主动性。

（2）形体训练是一项女同学所喜欢的、讲究美的运动项目，在教学中必须抓住女生爱美的这一特点，同时还需注意到女生易害羞、爱面子等心理特征，在教学中应耐心，并且应以表扬和肯定进步为主。在评定成绩时，要做到客观、准确、实事求是，不断树立其对学习的信心和兴趣。

（3）教师要不断深入了解学生，在教学过程中从实际出发，抓住学生在学习中的技术关键和难点，熟练地运用教学方法，使其顺利地完成学习任务。

（4）教学相长：教师要有“学而不厌，诲人不倦”的精神，不断以新的知识充实和丰富自己，不断把新的科学技术成果运用到自己的教学实践中，尽量做到科学化、现代化。教师还要善于发现学生学习中表现出的独创精神，并给以积极培养和鼓励。善于从中得到启发，从而不断改进教学。

（5）教师的自身表现应以“美”为准则，使自己的言行仪表给学生以美的直观感受。如饱满的情绪、整洁合体的运动服装、准确优美的动作示范、谈吐高雅、举止大方、为人师表等都可以提高学生的学习兴趣。

二、直观与思维相结合的原则

这是根据人们对客观事物和现象的认识规律提出来的教学原则。学生通过视觉、听

觉、触觉和肌肉本体感觉来感知所学动作的技术，也就是学生将所看到、听到和肌肉在时间、空间感觉到的用力程度等，通过思维活动反复思考并加以多次实践(模仿练习)，使之建立正确的动作概念。贯彻此原则应注意以下几点：

(1) 教师的示范动作是最生动的直观教学：“百闻不如一见”，形体训练要求优美性、艺术性、实效性，因此教师示范动作应准确、优美、规范，有表现力，这是学生在课堂上直接受到动作的正确形象接受美育的重要因素，对建立正确概念、强化动作要领、迅速掌握动作技术都有着十分重要的意义。另外为弥补教师示范的不足，也可以利用图片、录像、多媒体等其他直观教学手段，让学生有目的地进行观察。

(2) 教师生动形象的讲解具有直观作用。学生学习动作技术时，不能完全依靠观察，还需要教师生动简明形象的讲解及提示，通过生动的直观和形象的语言，加深学生对教材的理解，以使学生进一步明确技术要领及动作要求。

(3) 学生看了示范，听了讲解后，还必须通过反复的实际练习，通过肌肉本体感觉来感知正确要领、肌肉用力的程度和方法以及动作的节奏感等，从而对动作建立起正确的表象和概念。

(4) 要启发学生积极进行思考。在教学中教师要善于启发学生独立思考，发展他们的想像和独创精神。对所学理论及技术不仅要知其然，而且要知其所以然，这样就能使学生从看、听、练当中得到的感性认识上升到理性认识。教师要善于启发诱导学生通过对动作的比较分析，加深对动作技术、动作各部分之间、动作与动作之间的联系的理解以及区分正确动作与错误动作的界限，更好地掌握专项知识和技术，从而能举一反三，触类旁通。

三、循序渐进的原则

形体训练手段繁多，从单个动作到成套动作组合，从徒手到器械，从把上练习到把下练习，从个人练习到集体练习等，因此在教学内容、教学顺序上要进行科学的安排，逐步深化，同时在运动量及能力培养上也应遵循循序渐进的原则。贯彻此原则应注意以下几点：

(1) 教材安排应由易到难、由简到繁、由单个动作到组合动作最后到成套动作、由基本动作到难度动作。安排各类动作练习时，应前后衔接、承前启后，逐步提高，在学习掌握一个动作后就要发展、变化、加难。同时也要考虑各类动作之间的横向联系，先学习的内容为后学内容的基础，不断扩大教材的深度和广度，要考虑各类动作之间的互相促进、动作技能的转移和身体素质的转移等因素。使教材具有系统性、科学性、渐进性。

(2) 教学步骤一般应按由把上练习到把下练习，由原地练习到移动中练习、由局部动作到全身动作、由慢节奏到正常节奏这样一个循序渐进的教学程序进行。

(3) 运动量安排应由小到大，小中大相结合，使其按适应→加大→再适应→再加大有节奏地螺旋式上升。练习量必须根据学生的素质水平、技术水平及接受能力等各种实际情况进行安排，不能操之过急，违背循序渐进的原则。

(4) 能力培养应循序渐进地贯穿在整个教学过程中。学生在学习掌握动作技术、技能的同时，各种能力也应逐步得到相应发展。如单个动作的教学能力、机械动作组合的能力、创编动作组合的能力、全课的教学组织能力等应有计划地安排在教学的各个学期。

四、一般要求与因材施教相结合的原则

教师要使学生都能按照教学大纲、教学计划的统一要求,完成教学任务,又要根据每个学生身体素质、技术水平、专项意识及智力条件等方面的差异性,进行个别对待的教学。贯彻此原则应注意以下几点:

(1) 教学内容应符合大多数学生的实际水平,使他们都能接受。同时要采用适当的教学方法,恰当地规定教学任务,使学生尽快掌握动作技术、技能,达到教学一般要求。

(2) 应防止学生达到教学要求后停步不前,要因势利导,敢于突破统一要求,提出新的任务,发挥学生已经具有的优势和创造精神,使他们的学习再前进一步。否则,将挫伤学生的积极性。

(3) 必须恰当选用集体的与个别的教学形式。尽管教学主要是采用集体教学的形式,但也应使个别对待寓于其中。除对所学动作提出一般的要求外,还需根据每个学生的不同情况及出现的特殊错误动作采用不同的教法,进行个别纠正,提出不同的要求和任务。

五、身体全面发展的原则

人体各部位之间、各器官系统的功能之间、各种身体素质之间是相互联系、相互制约的。形体训练的特点在于自然、协调的运动,对全面均衡地发展身体有着积极的影响。但各类动作各有其特点,不可能全面地发展身体各部位或各种能力。如跳跃动作以发展腿部力量为主;转体动作以发展灵敏、控制能力及前庭分析器功能为主等,因此教学中应重视学生身体的全面发展,以促进其掌握各种动作技能,保证教学任务的顺利完成。贯彻此原则应注意以下几点:

(1) 在制定教学计划时,应注意各类教材的搭配,使学生身体得到全面发展(使学生训练中不感到枯燥,提高学生的积极性)。

(2) 在安排每次教学课的内容时,应注意在动作的性质、形式、运动量及身体素质等方面的合理性。如步法类练习后,应安排躯干部位或上肢动作练习;原地动作后面应安排移动动作;一堂课中既要安排柔韧练习,也应安排力量性练习等,以使身体各部位各种素质都能得到全面锻炼。

(3) 考核项目和内容的确定,要考虑全面发展学生身体。如各类组合,各类基本动作技术及各种项目等,使学生通过考核也能达到身体功能的全面锻炼。

六、巩固与提高相结合的原则

该原则是根据运动技能形成的规律提出来的。在形体训练教学中必须遵循。学生所学到的技术和技能只有通过不断巩固和提高,使其进一步完善和深化,才能建立动力定型。在教学中必须通过合理的教学方法及有计划地安排练习与作业强化所学的动作技

术,使巩固与提高的任务达到预期的效果。贯彻此原则应注意以下几点:

(1) 要使学生在课上有足够的练习机会,并要按正确动作要领进行练习。只有通过多次的重复练习,才能巩固在大脑皮质建立起来的动力定型。因此,教师要进行精讲,抓住主要问题进行精练讲解,才能保证学生多练。

(2) 反复练习不能长时间停留在原有的动作和一个水平上,这样学生容易产生厌烦情绪。在复习巩固已掌握的技术动作时,可采取加难的方法,从而使已获得的运动技能逐渐得以提高,运用自如。如在已学动作的基础上,编排各种组合或成套动作练习;改变开始姿势和结束姿势;改变动作速度、节奏和力度进行练习等。

(3) 形体训练以组合或成套动作作为表现形式,用评分来衡量动作质量效果的项目。对已掌握的动作,要不断提出更加完善的质量要求。加大动作幅度,提高动作的表现力。

(4) 采用评定成绩、测验、表演和教学比赛等形式,巩固提高所学技术动作的熟练性。

第二节 形体训练的教学方法

教学方法是指教师在教学过程中为了完成向学生传授专项知识、技术、技能,发展与专项有关的各种能力等教学任务而采用的措施和办法。教师应在了解和掌握各种具体教法手段的基础上,根据形体训练的特点,以及学生的具体情况和各阶段不同的教学目的任务,在教学中正确运用各种教学手段,这对于不断改进和提高教学质量,完成教学任务有着极重要的作用。

形体训练的教学方法很多,一般可归纳为以下五种方法,即完整法与分解法、语言法、观察法、练习法及助力法。各种方法中又包括了一些具体的方法。

一、完整法与分解法

(一) 完整法

完整法是指教师对所学动作进行完整的教学,即从动作开始到动作结束不分部分或段落进行完整讲解、完整示范、完整练习,从而掌握动作的一种方法(用于简单动作和技术易掌握的动作)。

完整法的优点在于一开始就使学生建立正确的完整的动作技术概念,并且在练习过程中不致影响动作结构和动作连接技术。

完整法广泛使用于那些相对简单易学的动作,而对那些相对具有一定难度和复杂的动作,只要与学生的技术水平相适应也可采用。

(二) 分解法

分解法是指教师对所学动作,按其技术环节分成几个可以单独的部分或段落分解来教,即分解讲解、分解示范、分解练习(用于动作技术较难和不易掌握的动作)。

分解法的优点在于能减少学生开始学习的困难,把复杂动作简单化,从而掌握动作细节,提高学习的效率,增强掌握动作的信心。但分解法容易使单个动作之间脱节,连接技术遭到破坏。因此,最后还必须用完整法来教。

分解法主要用于复杂的单个动作、组合动作及成套动作的教学,在纠正错误动作、提高动作质量时也广泛运用。

在技术教学实践中,完整法与分解法通常是紧密配合,交叉使用,而且也经常寓于其他教学法之中。

二、语 言 法

语言法即通过语言进行教学的方法。

(一) 讲解法

讲解法是语言法中最主要最常用的方法。讲解是一种有声的"示范",是使学生建立正确动作概念的主要手段。教师通过语言向学生说明学习任务、动作名称、动作要领、练习方法、纠正错误,进而阐明技术关键及进行思想教育。

1. 讲解的基本要求

(1) 讲解目的要明确,有针对性:根据课的不同任务、不同的学习阶段、不同的学生情况等,要明确讲什么怎样讲,使之有的放矢,取得良好的效果。

(2) 要有科学性:所讲动作要领应正确,术语运用要准确,要反映新的、先进的信息成果,同时要注意所讲内容的逻辑性。

(3) 要有启发性:在讲解动作时,引导学生在已知的基础上,从回忆、联想、比较、分析、综合当中去获得新的知识。在讲解过程中可提示,并结合必要的提问,使学生随教师的讲解进行思考及回答问题。

(4) 讲解要有节奏感和生动性:教师讲解的音调要抑扬顿挫,语言的强弱和缓急要适度,并加上适当的手势和眼神,可以增强语言的感染力和艺术效果。讲解时口气和蔼可亲,肯定或否定要清楚。讲解要生动形象,比喻要恰当。帮助学生进行形象思维,加速对动作要领的理解和动作概念的建立,并可以激发学生的学习兴趣和情绪。

2. 讲解的方法

讲解的方法是根据练习的不同目的、任务、要求及完成情况等来讲述动作的具体方法。

(1) 完整讲解:对单个动作或简单的组合动作,从动作开始到结束进行完整讲述。

(2) 分解讲解:对复杂的单个动作或组合动作或成套动作,可按动作结构或按身体部位以及按身体动作分别讲解。以两脚交叉转体360°为例。初学时,首先讲解脚交叉左(右)转体动作的技术,待掌握后,然后讲解两臂动作的做法、运动方向及与转体动作的配合与节奏。

(3) 重点讲解:根据课的任务、要求重点讲解单个动作的某一部位或某一环节,或根据学生完成组合动作情况,突出某一动作或某几个动作进行讲解。

（4）正误对比讲解:这是按动作的正确要领与出现的技术错误进行比较的讲解,以使学生知道错误技术错在什么地方,以达到纠正错误的目的。

3. 讲解的形式

应根据讲解的目的、教学组织及纠正错误的需要来考虑。

（1）对集体讲:一般用于学习新动作及大多数学生出现共同的错误时采用。

（2）对个别人讲:几个或个别人对动作要领不清楚或出现错误时采用。

4. 讲解的时机和位置

要掌握好最佳的讲解时机,以加深理解动作和及时纠正错误。学习新动作时必须讲解,当发现错误时要及时讲解加以纠正,当学生完成动作有进步时,应作肯定的评价。但学生在练习中不宜过多的讲解。

讲解时教师所站位置也十分重要,要考虑所有的人都能听到,同时又要考虑视觉效果。要根据队形情况、动作结构,选择合理的位置,尤其与示范动作结合进行讲解时,要注意正确采用镜面(正面)、侧面或背向讲解。

（二）口令、提示法

该法是教师用简短的语言手段,组织学生进行队列队形练习、提示动作节拍、提示要领、纠正错误等的方法。

1. 口令

指挥队列练习所用口令应符合部队队列条例的要求,做到预、动令下达准确,声音洪亮。另外,形体训练教学中在新学动作和初配音乐阶段,为帮助学生掌握动作和音乐的节奏配合,常同时辅以节拍口令。如“一、二、三、四”或“一嗒嗒、二嗒嗒”等,要求口令清楚、动作及音乐的拍节、速度吻合一致。

2. 提示

提示是指学生在练习过程中,教师通过简短、明确、生动的语言信号,给予及时的指导和提醒的一种方法。为了使学生能较好地完成动作技术,“提示”是极常用的一种语言手段。一般用于以下几个方面:

（1）动作连接的提示:为了帮助学生记忆动作,在前一个动作即将结束时,及时提示下面的动作及连接方法。如“接侧波浪”、“出左脚”等。另外,还可边数节拍边提示:如“一、二、波、浪”、“举、二、三、摆、二、三”等,以上方法常在学生对组合动作不够熟练或帮助其正确掌握动作节奏时采用。

（2）动作技术、姿态表现力和动作时空、力度的提示:如“伸臂”、“抬头”、“快”、“轻一点”等。

在运用口令、提示法的同时,有时也可配合声响信号,一般常用的是击掌方法。可用

击掌声响指示动作的节奏，如×× | ×× | 或××× | ××× | 。运用时应击出强弱的节奏，也可指示动作的速度变化，如快速小跑移动时，可配以快速连续的击掌声，当动作需要由快渐慢进行时，则可配以由快渐慢，由强到弱击掌声。当动作需要骤间开始或停顿时，也可用短促响亮的击掌声给学生以提示。在击掌指示动作的节奏、速度时掌声应与动作节奏和音乐节奏相吻合。

三、观　察　法

观察法是学生通过视觉感官直接感知动作的一种方法。主要采用动作示范、图示及多媒体教学等手段。

示范是最好生动、逼真的直观教学方式。示范法是教师直接做动作向学生进行演示。形体训练动作的示范，能给学生以直接的视觉形象，尤其对学习新动作和路线变化较多，身体各部分配合较难的动作，运用示范要比讲解会更清楚、更具体、更形象地展示在学生的眼前，有利于学生观察、模仿，对促进其建立正确的动作表象和概念，激发起他们学习的兴趣和积极性都起着极其重要的作用。另外让动作完成较好的学生做示范，同样可起到示范作用。

1. 示范的要求

（1）示范要有目的性：即要根据教学具体任务，明确所示范的动作要解决什么问题，让学生看什么、怎么看，使学生随着教师的示范，边看边想。如初教变换步，开始应进行完整动作示范，要求学生观察动作的全过程及其结构，当学生初步掌握后，就应针对学生在出脚、重心前移等技术要领及姿势方面的错误，进行重点示范或正误对比演示，使学生进一步明确动作细节和技术关键。

（2）示范的动作应力求技术正确、姿势优美、节奏鲜明、富有表现力。

2. 示范的方法

（1）完整示范：即示范动作的完整过程。常用于新学动作，以建立正确的概念和动作形象。在学习组合动作中，为说明动作前后连接也需采用。完整示范应配合音乐或口令进行，效果则更好。

（2）分解示范：即把完整的动作，合理地分成几个部分，各部分分别示范。如先示范下肢动作，再示范上肢动作。常用于技术结构或身体各部位配合较为复杂的动作。

（3）重点示范：它是根据所学动作或纠正错误动作的需要，重点的示范动作某一技术环节，或在组合动作中，重点示范某一动作，以便于学生加强对动作细节和技术关键部分的认识。

（4）领做示范：教师带领学生一起做动作，教师起着示范的作用。这对于初学者来说是很重要的。

（5）正误对比示范：既示范正确动作，又演示错误动作，进行正误比较。常用于纠正错误动作,让学生知道错误的地方,以便改进。但做错误动作时注意不要过于夸张,应实事求是。

采用以上各方法示范,在速度上,可按常速示范,即按动作应有的正常速度进行示范,也可采用慢速示范,即放慢动作速度进行示范。示范常配以讲解,收效更为显著。

3. 示范的位置和方向

示范位置的选择应以所有学生都能看清楚为原则。教师示范位置要根据学生所站队形来确定。如一或二列横队,示范位置应与横排两侧成等腰三角形的顶端处。如是体操队形应站在正前中央,如圆形则应站在中心或沿内圆行进做。

示范方向应根据动作结构可采用镜面示范、侧面示范或背面示范。以左右移动、侧伸、侧屈为主的动作一般采用镜面示范;以前后移动、前后屈伸及前后波浪为主的动作采用侧面示范;若带领学生进行练习常采用背面示范。

图示法是利用动作画图、动作照片、动作路线或队形变化图等进行教学。图示法可弥补讲解、示范的不足,通过静止的图像观察,有助于学生对动作各部位的身体姿态、动作的表现力或身体运动状况的技术细节以及对场上的动作移动路线与队形构图等加深理解。因此绘制或选择画图、照片应能表现动作的优美、规范化,达到高质量的标准。

多媒体教学法:即利用摄像机或计算机等现代化手段,进行形象化的直观教学。这些手段一方面是对示范、讲解的补充,可进一步巩固课堂教学,同时也有助于开阔学生眼界、丰富知识、了解新的技术信息、增强学习的兴趣,加速其对动作技术的掌握进程。

四、练　习　法

练习法是有目的地多次重复练习单个动作、组合动作和成套动作的方法。

练习法要求学生亲自进行实际操作,通过本体感觉,切身体会动作技术。是学生学习、提高和巩固动作的重要方法,也是教学中教师采用得最多的基本教学法。采用练习法应注意以下问题。

(一) 练习要求

(1) 要求学生按正确动作技术进行练习。

(2) 按教师的教学步骤、要求进行练习。

(3) 想、看、练结合,认真刻苦,多次反复地练习。

(二) 练习的方法

练习的具体方法较多,在形体训练教学过程中经常采用以下方法。

1. 完整练习法

这是指完整练习单个动作或简单的组合动作。即从动作开始直到动作结束,按动作的节奏和前后顺序进行练习的方法。

2. 分解练习法

这是指把完整的动作按其技术环节,合理地分为几个可以单独练习的部分或段落,分别进行练习,最后完整掌握动作的方法。

(1) 复杂单个动作的分解练习:一般有以下几种分解练习法。一种可按动作结构进行分解。

(2) 组合动作或成套动作的分解练习:常采用按拍节或动作结构进行分段练习的方法,可把组合动作或成套动作分解为二至四段,如 2×8 拍为一段,或 4×8 拍为一段。也可根据音乐的结构进行分段。分段练习可按前后顺序进行,也可不按前后顺序单独练习某一段动作。

(3) 重复练习法:是指按动作要领反复进行某一练习的方法。无论是单个动作还是组合动作、成套动作,按顺序或不按顺序,分段或不分段都可采用。

(4) 累积练习法:即在分段(或单个动作)练习基础上,逐段(逐个)连接积累的练习方法。例如先练习第一个动作,再练习第二个动作,然后连接第一、二个动作,再练习第三个动作,再连接第一、二、三个动作……,这样按顺序进行累积练习。

(5) 成套练习法:成套练习必须按动作前后顺序及路线进行,一定的队形变化不停顿地连续完成。一般多在提高动作的熟练性和提高动作质量(如稳定性等)、加大运动量、提高专项素质的情况下采用。

(6) 变换练习法:是指在改变条件的情况下进行练习。一般常为巩固和提高动作、培养学生应变能力时采用。如改变练习场地、时间、器械、节奏等。

为了调动和启发学生的练习积极性,巩固和提高动作质量及动作稳定性,教学中还可采用评比法、任务法、游戏法及测验法等各种练习手段。

(三) 练习的队形及形式

为了使教学顺利进行,选择练习队形也是不可忽视的一个方面。选择队形时应根据场地、学生人数、动作结构、路线变化及动作中的间隔需要,要注意充分利用场地、加大练习密度。例如做原地的或移动不大的动作常采用体操队形;做连续性的步法练习常采用圆圈队形;做连续大跳或直线形移动的难度联合动作常采用沿对角线进行等。

在教学中还应根据学生人数、练习量、时间等因素确定练习形式,常采用:

(1) 集体练习:新学动作及纠正多数同学出现的相同错误时,多采用集体练习的形式。

(2) 分组练习:将一班人分为若干组进行练习。主要在人数较多不宜教师观察全体学生练习时以及在巩固提高动作阶段和学生进行相互观摩评比时采用。

(3) 个人练习:在人数较少及提高成套动作质量时,常安排个人进行练习。

五、助　力　法

助力法即教师采用直接的助力或间接助力,帮助学生掌握动作技术的一种方法。通过助力使学生通过肌肉感受，直接体会动作要领，体会动作的用力时机、大小、方向，以及身体各部位的正确位置，即头、手、身体在空间的关系，有助于提高身体姿势的准确性。对初学者或基础较差的学生这是一种有效的方法，因为在他们初学动作或在提高动作质量上，只知道动作的大概位置和方向，而本身肌肉的本体感觉还很不够，缺乏对运动器官的调节和控制能力，动作不可能达到精确的程度，这时就需要教师给予助力来帮助提高身体感觉。

例如屈膝后举腿平衡，可一手扶臂，一手托腿，使其体会臂和腿的正确位置和帮助维持平衡。助力法可分为直接助力(如扶持、托、搬压等)和间接助力(如利用把杆、标志物等)，运用这些方法应根据学生的不同情况，如技术水平、身体素质、错误程度、不同的学习阶段，常在个别教学时采用。

形体训练教学实践表明，无论是教单个动作、组合动作或成套动作，也无论是新授课、复习课还是提高课，都不是用单一的教学方法就能完成教学任务的，往往需要把若干教学方法与手段通过合理搭配及综合运用方能奏效。如教师在示范动作的过程中可配合以讲解；在学生练习的过程中可配合以提示、口令、示范、示错、助力等方法。因此教学中应该在各单一教学方法的基础上，注意各种教学法的灵活组合与科学搭配，广泛采用综合教学法，以保证取得最佳的教学效果。

第三节　形体训练的教学要求

形体训练是教师按照教学计划的要求，向学生传授形体训练的知识、技术、技能及发展他们的身体，并对其进行思想教育的过程。在教学中除必须遵循各项体育教学原则和正确运用教法外，根据形体训练项目的特点，还应做到以下几个方面：

(1) 由于形体训练动作类型丰富多样，因此，教学中必须根据学生具体情况(年龄、性别、素质、技术等)，恰当合理地选择教材和运用教法，因人施教。教材内容一般应由易到难，由简到繁；动作速度由慢到快；先学单个动作，再进行组合练习；较复杂动作先分解教学，再完整练习。

(2) 在教学中应重视教师自身表现和主导作用的发挥，这对学生获得形体姿态的直观感觉有着重要作用。例如，教师饱满的精神面貌、整洁合体的运动服装、优美激情的动作示范、简练生动的要领讲解、准确清楚的拍节口令、及时的动作提示与错误纠正等，对激发学生的学习兴趣，促进其对形体训练的喜爱及顺利完成教学任务等都起着极为重要的作用。

(3) 应重视表现力的训练：表现力是通过面部表情和身体动作两方面表现来完成的。一套完整优美的形体训练如果缺乏生动的表现力，将失去形体训练的生命力。纯朴、自然、真实、富有激情的表现力，能给人以美的享受，会起到感染人、激励人的作用。表现力的训练包括神态、气质和风格三个部分。训练手段有：①神态训练：主要指表情和身体姿态的完美统一，需要通过教师的启发，引导学生自身情感的投入，并经过艺术加工，使举止有情，动作有意。②气质训练：气质是内在的品质，其外部表现应该是刚强与柔韧的有机结合。形体训练动作中很多具有“刚”与“柔”的双重性。如踢腿动作，既要快速有力，又要踢得高而富有弹性，同时上体挺拔，面带微笑，自然朴实，给人以刚毅和自信感。③风格训练：由于每个人所受的文化教育、地域风俗、民族特点的影响不同，其技术风格、动作的风格也不相同。所以，我们要根据每个人自己的文化背景，扬长避短，突出其特点地进行训练。

(4) 应重视基本姿态训练：正确的身体姿态是表现形体训练的关键。在形体训练教学中应严格训练身体各部位的基本姿态，使其符合形体训练的要求。正确的动作姿态训练一般经过两个阶段。第一阶段，建立正确的动作姿态，使其形成动力定型。通过持之以恒地运用正确意念来控制动作的训练过程，使形成正确的动力定型。第二阶段，在通过形体训练来塑造形体的同时，还要美化充实心灵，要求训练时寓情感于动作姿态之中，使其具有感染力。训练手段包括：①身体各部位不同方向定位的本体感觉练习，如腿向下同方向的屈、伸、踢、旋、绕、弹动、跑和跳、髋部平移、转动、翻动、掀动、扭动；躯干部胸腰肌肉群紧张与放松；上肢屈、伸、摆、绕、旋转等练习，来建立身体各部位的准确姿势所必须具有的本体感觉。②把杆练习：紧密结合形体训练的训练特点，重点应训练脚背的勾绷、下肢的延伸、挺拔和开度以及对身体各部位肌肉的控制和用力等练习。如借助把杆进行不同方向的踢腿、控腿、弹腿、身体屈伸、波浪、移动、转体等动作。③律动训练：通过屈伸、绕环、摆动、波浪、弹性、松弛等律动性强的基本练习，掌握全身各部位参与运动的正确方法和用力节奏，使身体动作的幅度增大，韵律感增强。④舞姿训练：通过舞蹈基本步伐及动作训练，充分发挥胸、腰、髋部位潜在的表现力。在锻炼躯干部位灵活性的同时，培养优美的姿态、漂亮的手势、灵活的关节以及节奏感、音乐感和身体各部位的综合协调能力与表现能力的统一。

(5) 形体训练教学中，在掌握若干个单个动作的基础上，应重视并及时进行组合动作的教学。形体训练各类组合练习可以培养学生的协调性、韵律感、表现力，是巩固和提高所学各类动作技术的有效手段。所编选的组合动作应符合教学任务及学生水平，如对初学者应编排以巩固基本动作为主的、简短的、有规律的组合；对有一定技术基础的学生，则可使组合的内容、结构及长短等都有所变化，难度有所提高。进行组合动作教学时，一般先分节（分段）教会，逐节（逐段）连接，再完整练习。

(6) 应重视节奏感的训练：形体训练是在音乐伴奏下进行的身体练习。节奏感好，可以保证动作的协调，省力、效果好。训练手段有：①识别音乐节奏和主旋律的练习。从学习乐理开始，进而听音乐节拍（重音），并按节拍做击掌或跳步练习。②在相同节拍、相同旋律的音乐伴奏下完成身体各部位不对称动作的组合练习。③组合动作不变，在各种音乐风格和不同主旋律伴奏下进行练习，使学生加深对节奏及其与动作关系的理解。④采用不同风格、不同节奏、不同特点的音乐伴奏，完成整套技术的动作练习，把音乐节奏特点与主旋律内涵通过动作表现出来，达到动作与意境的统一结合。⑤采用同样的音乐伴奏，同样的组合动作，对节奏进行不同的处理，使学生从多方面理解音乐节奏及节奏与动作的关系。

第四章　舞蹈类形体训练

任何一种运动项目包括单一的舞蹈都会对人体产生一定的作用,运动既有强健与魅力的一面,也有对人体损伤与伤害的一面,而形体舞蹈却能起到一种调节性的作用,使人们对形体舞蹈有着更加迫切的需要。形体训练中一个很重要的作用就是使训练者体态变得均衡、和谐和健美。当然也会纠正一些不好的习惯,如摇头、歪脖、耸肩、扣胸、挺腹、塌腰、撅臀等。无论什么舞蹈都是表现生命的功能,是运动着的生命存在的最直接、最强烈、最单纯而又最充足的表现。在优美的律动中,舞蹈者自身得到一种生命的真实感,在训练中可以体验这种感觉。

第一节　基本姿态训练

一、站　　立

嘴自然闭合,上下牙咬合,眼睑自然张开,目光直视(即目光与面部垂直,从而使眼球保持在眼眶正中),面部表情平静。挺胸、收小腹,腰部、颈部挺直,臀部略突出。两臂自然下伸,手略成弧形,食指掌指关节接近伸直。中指在裤缝处,但不触及。两腿并拢,脚跟靠拢,两脚的夹角稍大些也无妨,约为 15°～20°。身体重心落在前脚掌,这样便于向走步、跑步、提踵等动作过渡。

二、开的基本概念

开指肩、胸、髋、膝、踝五大关节向外打开,以腿脚动作为主。目的是为了最大限度地延长练习者肢体原有的线条,扩大动作范围,增强其表现力。为了运动的灵活,扩大运动范围及幅度,提高身体在运动中的平衡能力,是舞蹈形体中主要的审美之一。

三、脚的基本位置

芭蕾舞中脚的位置只有五种,要求全外翻,系统的、严格的训练才能完成,脚的适当外翻能使腿显得修长而优雅。

一位:两脚脚跟相靠、脚尖向侧成一横线。两腿伸直,两腿靠近夹紧(图 4-1)。

二位:在一位上右足向右侧擦出一步,两足仍在一横线上,但中间相隔一只脚的距离,重心在两腿之间(图 4-2)。

三位:在二位上,右足向回收至左足前,使足根相叠,足尖向两侧(图 4-3)。

四位:右足向前擦出,至左足前,中间相距一足远,成两根平行线,前足的足根,足尖在一条线上,重心在两腿间(图 4-4)。

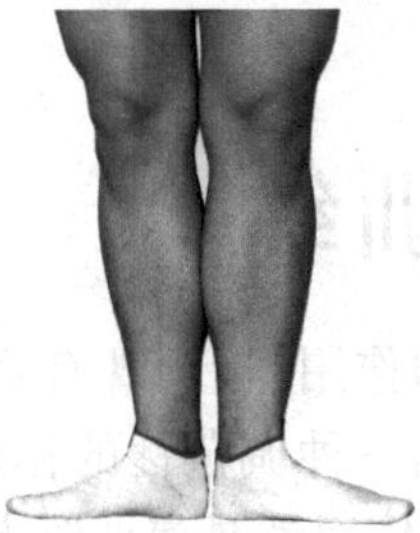

图 4-1 脚一位

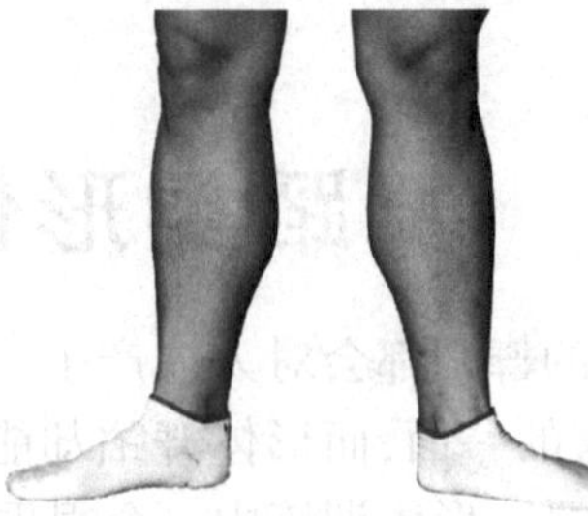

图 4-2 脚二位

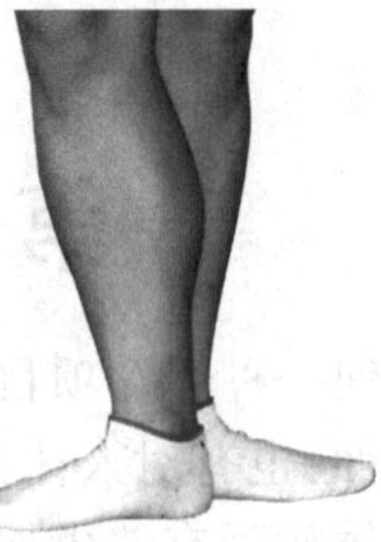

图 4-3 脚三位

五位:足向后收回与左足靠紧,两脚完全重叠(图 4-5)。

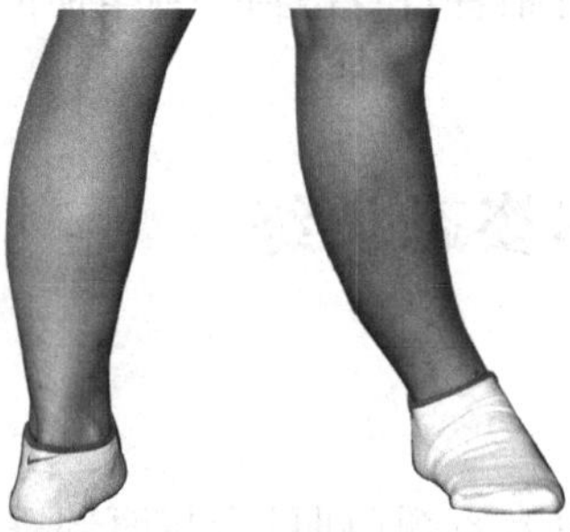

图 4-4 脚四位

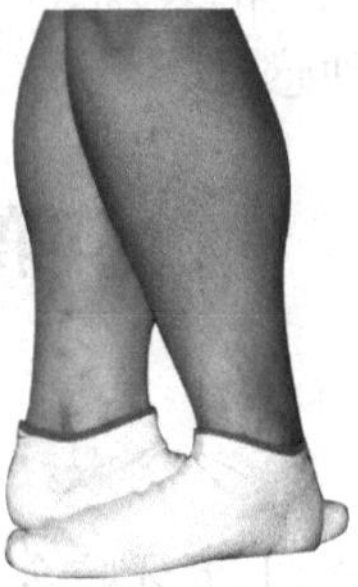

图 4-5 脚五位

四、手的基本位置

(一) 手形

芭蕾舞蹈中的手形要求:手指自然放松,并拢,大拇指与中指略靠近(图 4-6)。

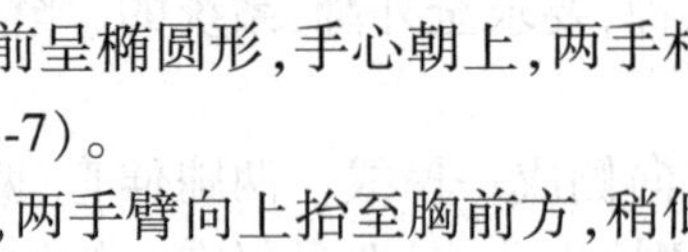

图 4-6 手形

(二) 手位

一位:肩到手指尖在身体前呈椭圆形,手心朝上,两手相距约一拳头左右,小指边离大腿 2 寸左右,腋下微撑开(图 4-7)。

二位:保持一位不变状态,两手臂向上抬至胸前方,稍低于肩(图 4-8)。

三位:保持二位手状态,两手臂向上抬至头顶前方(图 4-9)。

图 4-7　手一位

图 4-8　手二位

图 4-9　手三位

图 4-10　手四位

四位：一只手臂保留在三位，另一只手臂从三位回至二位（图 4-10）。

五位：三位手臂不动，二位手臂向旁打开至侧（图 4-11）。

六位：打开到旁的手不动，三位手下到二位（图 4-12）。

七位：打开到旁的手不动，二位手打开到旁呈七位（图 4-13）。

图 4-11　手五位

图 4-12　手六位

图 4-13　手七位

第二节　把上训练

扶把练习是舞蹈中最基本的练习手段，是练习者为了保持形体和高贵气质每天都要坚持的练习。它可以使你的胸、脊柱、臂、脚、腕、臂充满了优雅和高贵的气质。包括擦地、蹲、小踢腿、单腿蹲、划半圆、控制、压腿、大踢腿等几个部分的训练内容。

扶把的方法分两种：一是双手扶把，面向把杆，身体把杆约一小臂的距离，双手轻放把杆上，两手距离与肩同宽，肘下垂，肩下压。二是单手扶把，侧身对把杆，单手轻放把上，稍在身体的前面一点。扶把高度视练习者的高矮而定，高度为 1.2 米左右，长度不限，没有条件的可用桌子、窗台、椅子或体育器材中的助支、平衡木等代用。

一、擦地组合

擦地是整个腿部训练中的基础动作，它训练脚背、脚腕的力量，可以增强肌肉的能力，是由浅入深运动全身的有效动作。

（一）擦地组合 1

【音乐】 2/4 拍，中速。

【预备姿态】 面向把杆，双手扶把，脚成一位站立。

【前奏】 8 拍不动，面对把杆，脚一位，绷脚背，立脚尖，练习脚背的感觉。

第一个八拍：

1～2 拍：屈左腿立左半脚尖。

3～4 拍：左脚立脚尖。

5～6 拍：变回半脚尖。

7～8 拍：放下左脚成一位。

第二个八拍：

与第一个八拍完全相同。

第三个八拍：

1～2 拍：屈左腿左半的脚尖。

3～4 拍：右脚脚尖。

5～6 拍：变回半脚尖。

7～8 拍：放下右脚成一位。

第四个八拍：

与第三个八拍完全相同。

第五个八拍：

1～2 拍：左腿向侧擦出，半脚尖。

3～4 拍：绷脚背，立脚尖。

5～6 拍：左脚再半脚尖。

7～8 拍：左脚收回成一位。

第六个八拍：

与第五个八拍完全相同。

第七个八拍：

1～2 拍：右腿向侧擦出，半脚尖。

3～4 拍：绷脚背，立脚尖。

5～6 拍：右脚再半脚尖。

7～8 拍：右脚收回成一位。

第八个八拍：

与第七个八拍完全相同。

（二）擦地组合 2

【音乐】 2/4 拍，中速。

【预备姿态】 面向把杆，成一位站立，双手扶把。

【前奏】 4 拍不动。

第一个八拍:

1~拍:左脚向左侧擦出半脚尖。

2~拍:左足尖点地,重心在右腿上。

3~4 拍:左脚经半脚尖收回还原成预备姿势。

5~6 拍:同上 1~2 拍动作。

7~8 拍:同上 3~4 拍动作。

第二个八拍:

1~拍:左脚向左侧擦出脚尖着地。

2~拍:足尖点地,收回。

3~4 拍:同上 1~2 拍动作。

5~拍:左脚向左侧擦出,左足尖点地,重心在右腿上。

6~拍:重心下降,右腿蹲,左腿直。

7~拍:重心移至左腿。

8~拍:收右腿还原成预备姿势。

第三个八拍:

1~8 拍:双脚一位立半脚尖控制(图 4-14)。

第四个八拍:

1~2 拍:双脚同时向下压脚跟。

3~4 拍:双脚随即立起。

5~8 拍:同 1~4 拍,如此反复 8 次。

第五个八拍:同第一个八拍动作,方向相反。

第六个八拍:同第二个八拍动作,方向相反。

第七个八拍:同第三个八拍动作。

第八个八拍:同第四个八拍动作。

图 4-14

(三)擦地组合 3

【音乐】 2/4 拍,稍快。

【预备姿态】 侧对把杆,五位站立,左手扶把,右手一位,眼看前方。

【前奏】 4 拍不动。

第一个八拍:

1~拍:右脚向前擦出,脚尖点地。

2~拍:右脚回成五位。

3~4 拍:重复 1~2 拍动作一次。

5~6 拍:右脚向前擦出,同时左膝弯曲,左手由七位到三位。

7~8 拍:伸直右膝,收回左腿,左手成七位。

第二个八拍:

1~拍:左脚向后擦出,脚尖点地。

2 ~ 拍：左脚收回成五位。

3 ~ 4 拍：脚相同 1 ~ 2 拍，但右臂下落，经体前，向前伸，上体随右手同时向外转 45°。

5 ~ 6 拍：右手继续在胸前向前伸，同时屈右腿成方步。

7 ~ 8 拍：伸直右腿，最后一拍左脚收回成五位，手成七位。

第三个八拍：

1 ~ 拍：右腿向右侧擦出，足尖点地。

2 ~ 拍：右脚收回至左脚后成五位。

3 ~ 拍：同 1 ~ 拍。

4 ~ 拍：同 2 ~ 拍，只收成前五位。

5 ~ 6 拍：同 1 ~ 拍，但手臂到三位随身体向左侧倒，同时屈左腿。

7 ~ 8 拍：身体直立，左脚收回。

第四个八拍：

1 ~ 拍：右脚向右擦地，脚尖着地。

2 ~ 拍：右脚收至右脚前。

3 ~ 4 拍：同上。

5 ~ 6 拍：左腿蹬地，右脚向右侧擦出腾空跳起，左脚先着地，右腿靠着成五位半蹲，两手打开(图 4-15)。

7 ~ 8 拍：右脚向左侧擦出腾空跳起，左脚先着地(图 4-16)，右腿靠前成五位半蹲，两手七位。

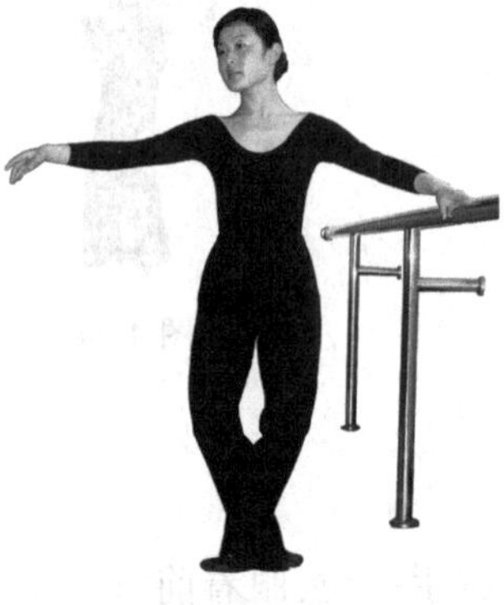

图 4-15

图 4-16

第五个八拍：

1 ~ 拍：五位蹲，手由七位到六位。

2 ~ 拍：右脚蹬地收起，左脚立半脚尖，身体往左(外)旋转 360°。

3 ~ 4 拍：半脚尖立不动，右手二位(图 4-17)。

5 ~ 6 拍：右脚前落位，五位立。

7 ~ 8 拍：脚跟落下。

图 4-17

二、下 蹲 组 合

蹲是膝关节反复的屈伸动作,能使腿的各部肌肉得到全面、均衡的发展,提高跟腱的弹性和柔韧度,是弹跳很得要的基础练习。

(一) 半蹲和全蹲

【音乐】 3/4 拍,慢速。
【预备姿态】 左手扶把,右手一位。
【前奏】 4 拍,右手打开七位,回一位。
第一个八拍:
1 ~ 拍:一位半蹲,右手下七位(图 4-18)。
2 ~ 拍:还原直立。
3 ~ 拍:半蹲动作一次,右手到三位(图 4-19)。
4 ~ 拍:还原直立。
5 ~ 6 拍:上体后倒,下腰。
7 ~ 8 拍:上体右绕转,回身,右手到七位。
第二个八拍:
1 ~ 2 拍:上体前屈,手不动(图 4-20)。

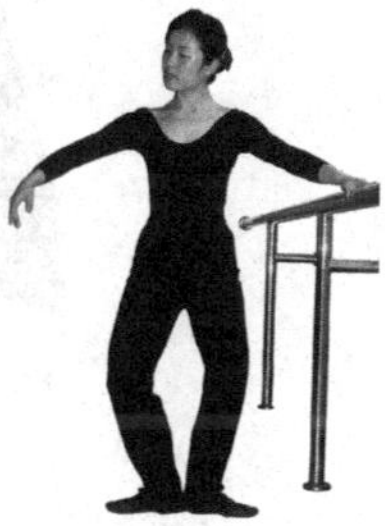
图 4-18

图 4-19

图 4-20

3 ~ 4 拍:手臂前伸(图 4-21)。
5 ~ 6 拍:上体抬起,成直立。
7 ~ 8 拍:右脚向侧擦出,重心在半间,手落下到七位。

图 4-21

图 4-22

第三个八拍:
1 ~ 拍:二位半蹲,右手一位(图 4-22)。

2 ~ 拍：还原直立。

3 ~ 拍：手从二位打开到七位，二位半蹲。

4 ~ 拍：还原直立。

5 ~ 6 拍：手从七位到三位，下绕到一位，身体由上到下半蹲。

7 ~ 8 拍：还原下直立，右手到七位。

第四个八拍：

1 ~ 拍：上体右伸。

2 ~ 拍：向左伸侧体屈（图 4-23）。

3 ~ 4 拍：上体回身，左手到七位，同时立蹲。

5 ~ 拍：脚跟落下。

6 ~ 拍：重心移左脚，右脚向前擦地。

7 ~ 拍：重心在中间，四位脚。

8 ~ 拍：四位蹲，手到二位。

图 4-23

第五个八拍：

1 ~ 拍：直立。

2 ~ 拍：四位蹲，手到三位。

3 ~ 拍：直立。

4 ~ 拍：提气立半脚尖。

5 ~ 拍：不动。

6 ~ 拍：右手后伸，左手离把前上伸。

7 ~ 拍：左手扶把，重心后移，左脚前擦地，右手到七位。

8 ~ 拍：右脚收回一位。

图 4-24

第六个八拍：

1 ~ 2 拍：身体前屈。

3 ~ 4 拍：向左侧绕，侧屈。

5 ~ 6 拍：向后下大腰（图 4-24）。

7 ~ 8 拍：后腰、手眼肢体移动。

第七个八拍：

1 ~ 拍：上体绕向右，回身手到七位，右脚前点地。

2 ~ 拍：右脚收回成五位。

3 ~ 拍：五位全蹲，手落下到一位（图 4-25）。

4 ~ 拍：直立，手二位。

5 ~ 6 拍：右手由二位经七位到三位绕，五位全蹲，手落一位。

7 ~ 8 拍：直立起，手到七位，五位立半脚尖。

图 4-25

第八个八拍：

1 ~ 2 拍：五位立半脚尖，手到三位。

3 ~ 4 拍：手臂前伸（图 4-26）。

5～6 拍:脚跟放下,右手打开到七位收回五位,脚收回五位。

7～8 拍:右手还原到一位。

(二) 单腿蹲

图 4-26

通过单腿屈伸髋部、腰部和股四头肌的力量,增加髋、膝、蹲的柔韧性和稳定性,使腿的肌肉更加协调有力,达到修饰腿形的目的。

1. 单腿蹲组合 1

【音乐】 4/4 拍,慢速。

【预备姿态】 成一位站立,左手扶把,右手一位。

【前奏】 1～4 小节,右手打开成七位。

第一个八拍:

1～2 拍:左腿半蹲,同时右小腿收回左腿前,右脚尖触脚背(图 4-27)。

3～4 拍:右腿还原直立,同进右腿向前抬并伸直,前抬腿,右手七位。

5～6 拍:左腿半蹲。

7～8 拍:左腿直立,前低控腿。

第二个八拍:

1～2 拍:左腿半蹲,同时右小腿收回左腿前,手一位,左脚尖触脚背。

3～4 拍:左腿直立,同时右腿向侧伸直举腿 90°左右,手打开到七位,眼看前方(图 4-28)。

5～6 拍:右腿半蹲。

7～8 拍:左腿直立,侧低控腿。

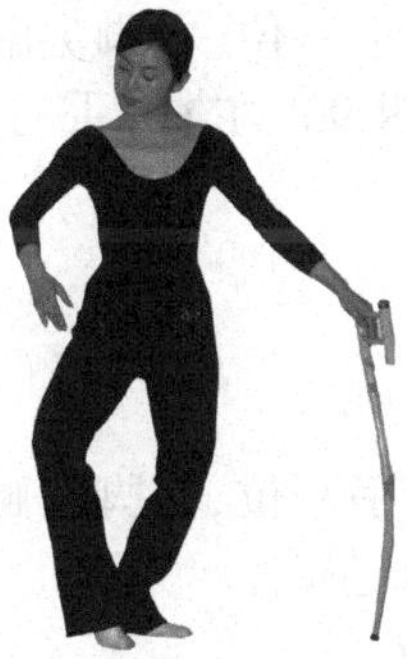

图 4-27

图 4-28

第三个八拍:

1～2 拍:左腿半蹲,同时右小腿收回左脚后跟处,手一位。

3～4 拍:左腿直立,同时左腿向后伸直举腿,手打开到七位,眼看右前侧。

5～6 拍:左腿半蹲。

7～8 拍:左腿直立,后控腿,右后七位。

第四个八拍：

1～拍：前腿屈，后脚落地（图 4-29）。

2～6 拍：高收右腿，立左脚尖，右手二位（图 4-30）。

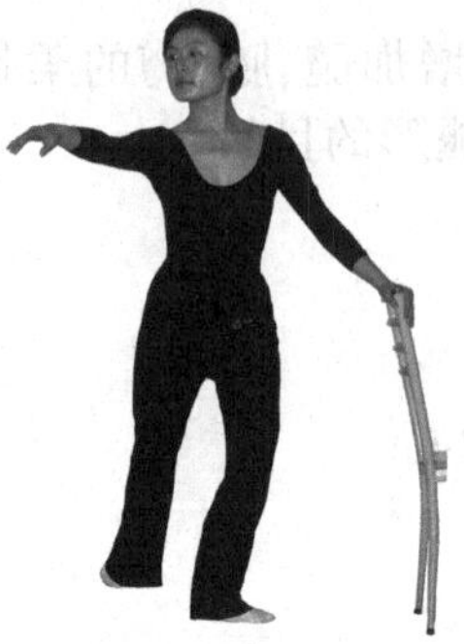

图 4-29

图 4-30

7～拍：打开右手到七位，右脚放下经立五位脚尖。

8～拍：脚跟放下，右手收回到一位。

第五个八拍：

1～2 拍：左腿半蹲，同时右小腿收回左脚后跟处，手一位。

3～4 拍：左腿直立，同时右腿向后抻直举腿，手打开至七位，眼看右前方。

5～6 拍：右腿半蹲。

7～8 拍：左腿直立，后控腿，右手七位。

第六个八拍：

1～2 拍：左腿半蹲，同时右小腿收回左腿前，手一位，右脚尖触脚背。

3～4 拍：左腿直立，同时右腿向侧伸直举腿 90°左右，手打开到七位，眼看右前侧。

5～6 拍：左腿半蹲。

7～8 拍：左腿直立，侧低控腿。

第七个八拍：

1～2 拍：左腿半蹲，同时右小腿收回左腿前，手一位，右脚尖触脚背。

3～拍：左腿直立，同时右腿向前伸直举腿 90°左右。

4～拍：手打开至七位，眼看右前侧。

5～6 拍：左腿半蹲。

7～8 拍：左腿直立，前低控腿。

第八个八拍：

1～拍：右脚前点地。

2～6 拍：高吸右腿，立左脚尖，右手二位。

7～拍：打开右手到七位，右脚前放下（图 4-31）。

8～拍：脚跟放下，手收回原位。

图 4-31

2. 单腿蹲组合 2

【音乐】 2/4 拍,中速。
【预备姿态】 成一位站立,右手打开七位。
第一个八拍:

1 ~2 拍:左腿半蹲,手一位,右吸小腿(图 4-32)。
3 ~4 拍:还原直立,右腿前伸 45°,手七位(图 4-33)。
5 ~6 拍:左腿屈膝,右脚尖向上,脚腕成背屈(图 4-34)。

图 4-32

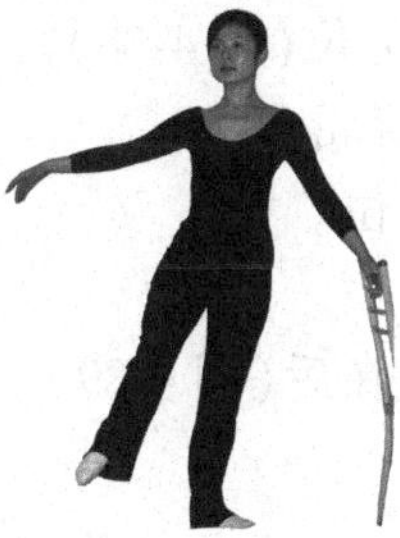
图 4-33

图 4-34

图 4-35

7 ~拍:脚背伸直点地,同时左腿伸膝。
8 ~拍:右脚收回。

第二个八拍:

1 ~2 拍:左腿半蹲,手一位,右腿收小腿。
3 ~6 拍:还原立半脚尖,右腿前伸 45°以上,右手七位(图 4-35)。
7 ~拍:左脚跟放下,右脚尖点地。
8 ~拍:右脚收回成五位。

第三个八拍:

1 ~2 拍:右腿半蹲,手一位,左吸小腿。
3 ~4 拍:右腿直立,右手前伸,左腿后伸(图 4-36)。
5 ~6 拍:屈右腿,左脚背屈,右手七位(图 4-37)。
7 ~8 拍:右腿直立,左脚背伸。

图 4-36

图 4-37

第四个八拍:

1~2拍:右腿半蹲,手一位,左吸小腿。

3~6拍:右腿伸立半脚尖,后伸左腿。

7~拍:伸右膝,左脚后落点地。

8~拍:点地收回成五位。

第五个八拍:

1~2拍:左腿半蹲,手一位,右吸小腿

3~4拍:还原直立,右腿侧伸45°,手七位(图4-38)。

5~6拍:左腿屈膝,左脚尖向上脚腕背屈。

7~8拍:左腿伸直,右脚背伸直,手七位。

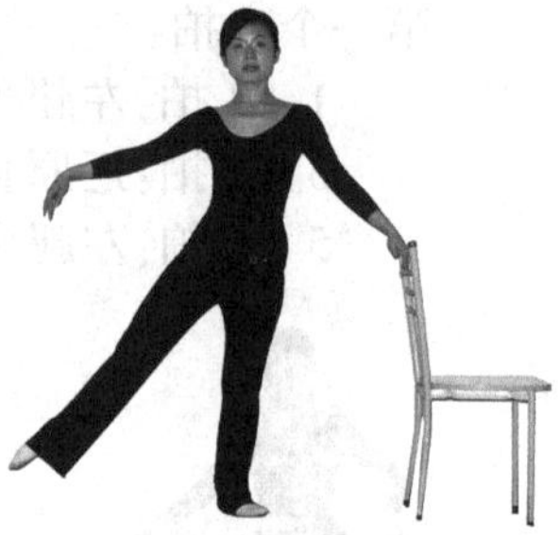

图4-38

第六个八拍:

1~2拍:左腿半蹲,手一位,右收小腿在后(图4-39)。

图4-39

3~6拍:还原立左半脚尖,右腿侧伸45°以上,右手七位。

7~拍:左脚跟放下,右脚尖点地。

8~拍:右脚收回成前一位。

第七个八拍:

1~2拍:右腿经一位前摆,屈伸左腿一次,点地收前五位。

3~4拍:右腿侧摆一次,屈伸左腿一次,点地收右腿在后。

5~6拍:右腿后摆一次,屈伸左腿一次,右脚向后点地。

7~8拍:右脚向前划圆,大四位。

第八个八拍:

1~4拍:收回五位的同时,向内转体180°,成右后扶把,左手七位,立住。

5~6拍:高收左腿,右后扶把,左手三位,眼看左手。

7~8拍:放下脚跟,成一位脚和一位手。

第九个八拍至十六个八拍,反方向做,动作相同。

三、小踢腿组合

小踢腿是个急速有力的快速动作,能练习后背力量。腿的爆发力及蹲关节的灵活性。

【音乐】 2/4 拍,快速有力。

【前奏】 右手打开成七位。

第一个八拍:

1～拍:右腿经擦地向前踢出 25°左右(图 4-40)。

2～拍:右腿收回成五位。

3～4 拍:同 1～2 拍动作。

5～拍:右腿在前踢出。

6～拍:左脚起蹲,立半脚尖。

7～拍:重心到右脚,右立半脚尖。

8～拍:脚落下点地收回。

第二个八拍:

1～4 拍:右腿向后踢出两次,手二位(图 4-41)。

5～拍:右腿向后踢出。

6～拍:右脚起踵,立半脚尖。

7～拍:后心后移,左脚起踵,立半脚尖。

8～拍:右腿点地收回成五位脚。

图 4-40

图 4-41

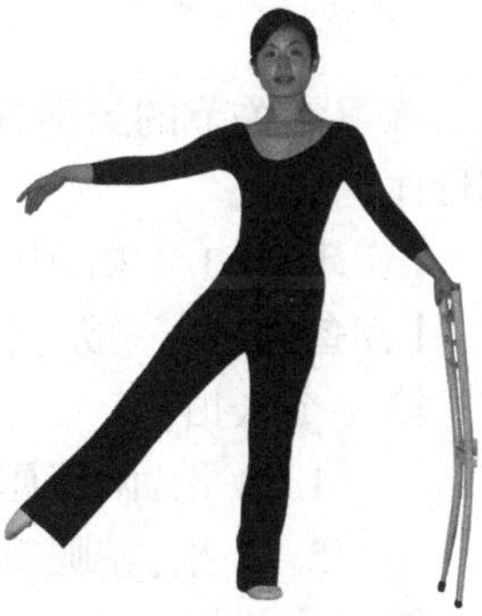

图 4-42

第三个八拍:

1～拍:右腿向侧踢出(图 4-42)。

2～拍:右腿收回前五位。

3～4 拍:同 1～2 拍,但收成后五位。

5～8 拍:重复 1～4 拍。

第四个八拍:

1～2 拍:右腿向侧擦出,同时屈左腿(图 4-43)。

3～4 拍:右脚收回成后五位立起。

5～6拍:同1～2拍。

7～8拍:右脚收回,右脚收回成前五位立起(图4-44)。

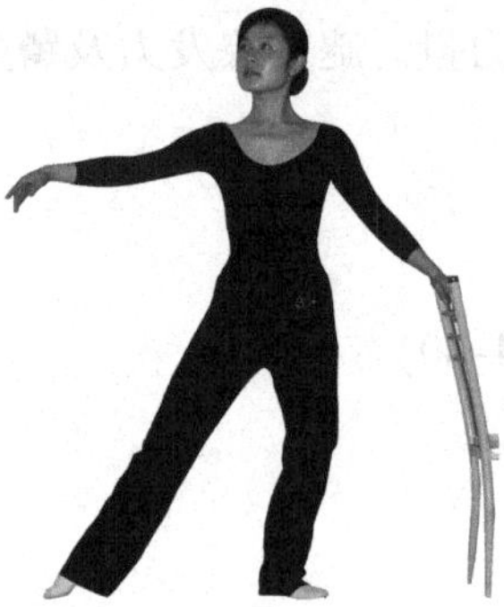

图4-43

图4-44

第五个八拍:

1～拍:右脚向前踢。

2～拍:右脚向后踢。

3～6拍:交替反复两次。

7～拍:腿控后,立左腿半脚尖。

8～拍:手经一位到二位。

四、腰　组　合

练习髋关节的灵活性,加大其活动范围,并能加强腰部力量及髋韧带的弹性,修饰腰部形体。

【音乐】 3/4拍,中速。

【预备姿态】 成一位站立,左扶把,右手一位。

第一个八拍:

1～4拍:两膝屈,重心在左侧,右脚经一位向前擦。

5～8拍:左腿直立,脚尖擦地向后绕圈。手打开到七位,右脚由前向后划半圆。

第二个八拍:

1～4拍:右脚收回经一位向前擦地。

5～8拍:向后划圈。

第三个八拍:

1～4拍:右腿经一位向前,身体向前,手二位同进屈左腿。

5～8拍:右小腿由前向后划圈,身体带动手到七位,伸直左腿。

第四个八拍:

1～4拍:右小腿经一位前点地。

5～8拍:举腿45°左右。

第五个八拍：

1～4 拍：向侧绕控旁腿（图 4-45）。

5～8 拍：腿向后举（图 4-46）。

图 4-45

图 4-46

第六个八拍：

1～4 拍：右腿落下，脚尖点地收回成一位。

5～8 拍：右脚从一位向后擦出，脚尖点地。

第七个八拍：

1～4 拍：右脚从后经侧向前划圈。

5～8 拍：右脚收回再经一位向后擦地。

第八个八拍：

1～4 拍：右脚由后向前划圈。

5～8 拍：右腿收回，由后向前划，身体带动手向前俯。

第九个八拍：

1～4 拍：右手向后划直斜上举，脚前点地。

5～8 拍：右腿经一位向后点地，手七位。

第十个八拍：

1～4 拍：举起后腿，停控。

5～8 拍：右脚打开至侧举控旁腿前腿，停控。

第十一个八拍：

1～4 拍：右腿落下前点地，右腿向前擦地收回成一位。

5～8 拍：上体前屈 90°，手二位。

第十二个八拍：

1～4 拍：推起身体，手三位。

5～8 拍：上体后倒下腰（图 4-47）。

第十三个八拍：

1～4 拍：抬起身体，手落七位。

5～8 拍：右手向右侧伸。

第十四个八拍：

1 ~4 拍：向左侧屈体，手到三位（图 4-48）。

5 ~8 拍：上体绕回身，右手回七位。

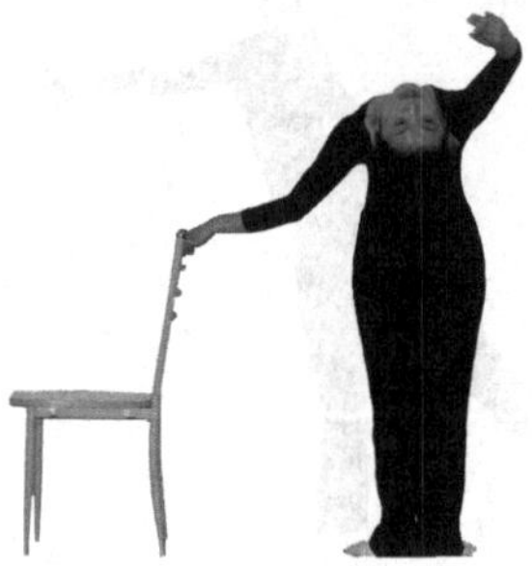

图 4-47

图 4-48

第十五个八拍：

1 ~4 拍：立五位半脚尖。

5 ~8 拍：继续控制 4 拍。

第十六个拍：

1 ~4 拍：右臂抬至二位，左手三位立起。

5 ~8 拍：脚落下，手收至一位。

第三节　把下训练

脱把基本功练习是在扶把的基础上逐步训练离开把杆。完成动作的能力是将臂、腿、弹跳等配合舞蹈姿态造型而组成的小组合，能训练身体的基本能力，身体的基本姿态，使练习者达到修饰形体的目的。

一、手位与脚位的训练

（一）组合练习 1　手位及脚位基本练习

【音乐】 3/4 拍，3 拍为 1 个小节。

【预备姿态】 面向 2 点，五位脚站立，手一位，眼看右（图 4-49）。

【前奏】 1 ~6 拍，不动。

第一个八拍：

1 ~2 拍：右手做波浪一次，收回一位（图 4-50）。

3 ~4 拍：左手做波浪一次，收回一位。

5 ~拍：双手由一位到二位。

6 ~拍：由二位到七位。

7～拍：五位手，左手在上，眼看左手。

8～拍：五位手，左手在上。

图 4-49

图 4-50

第二个八拍：

1～2 拍：左手落下双手经二位，交叉到右手在上的五位手。

3～拍：右腿向前擦出点地。

4～5 拍：控前腿，手五位，右手在上。

6～拍：右腿慢落前点地。

7～8 拍：收回右腿经一位到后点地。

第三个八拍：

1～2 拍：控后腿。

3～4 拍：后腿点地，右转体，面向 1 点，侧点地，手七位。

5～6 拍：控右侧腿，手七位。

7～8 拍：上体左转，到 8 点，右后腿。

第四个八拍：

1～2 拍：重心在左腿，左腿向 7、6、5、4、3、2、1 共 8 个方位转动各一次。

3～4 拍：面对 1 点，左腿侧点地收回。

5～8 拍：同 1～4 拍。

（二）组合练习 2　手臂波浪

【音乐】 抒情 4/4 拍，中速。

【预备姿态】 面向 2 点，左腿在前，右腿在后，身体前趋，两手一位。

第一个八拍：

1～2 拍：右手做波浪二次，回一位。

3～4 拍：左手做波浪一次，回一位。

5～6 拍：两臂由一位经二位到七位一个波浪。

7～8 拍：右脚上前重心前移，两臂前后波浪各两次。

第二个八拍：

1 拍：右脚赶左腿，重心前移，双臂前摆经三位向后绕至前。

2 ~ 3 拍：左、右足前后推重心。双臂前后各摆两次，最后侧打开回七位，眼看手走。

4 ~ 拍：右臂前做波浪一次，重心前移，右臂后摆。左臂前波浪，重心后移。

5 ~ 6 拍：重复第 4 拍侧波浪。

7 ~ 拍：重心右移，右手向右摆，重心左移，左手向右摆。

8 ~ 拍：重复第 7 拍侧波浪。

第三个八拍：

1 ~ 拍：左右足并步，连续侧波浪两次。

2 ~ 拍：往 7 点上一步，双手迎风。

3 ~ 4 拍：两臂做侧波浪各 2 次。

5 ~ 6 拍：左右足并步，连续侧波浪两次，往 7 点上一步，双手迎风。

7 ~ 8 拍：双臂同时从前至后做水平波浪两次，五位立，面向 8 点。

第四个八拍：

1 ~ 2 拍：左足向左迈一步，右足插在左足后成右大踏步。

3 ~ 4 拍：双臂从下至三位立转 360°做两次。

5 ~ 8 拍：双臂成波浪放下，至背后，手心相对，挺胸、立腰、眼看 2 点。右脚在前，大四位。

(三) 组合练习 3　脚划圆

【预备姿态】 身体 45°方向站立，脚一位，手一位，头看右方，面向 8 点。

第一个八拍：

1 ~ 2 拍：右腿向前擦地，头看前方。

3 ~ 4 拍：右腿向后划。

5 ~ 6 拍：右腿经一位向前划。

7 ~ 8 拍：右腿向后划。

第二个八拍：

1 ~ 2 拍：右腿经一位向前擦地，左腿半蹲。

3 ~ 4 拍：手二位。

5 ~ 6 拍：手打开到五位，左手在上，看右边，肩打开，上体平肩微向后倒。

7 ~ 拍：左腿直立。

8 ~ 拍：收右腿前五位，手回一位。

第三个八拍：

1 ~ 4 拍：左腿经一位向后划半圆一次。

5 ~ 8 拍：反复一次。

第四个八拍：

1 ~ 4 拍：左腿经一位后伸，右腿半蹲。

5 ~6 拍:经二位,左臂上举,手成五位,眼看左臂前下方。

7 ~8 拍:右腿直立,收回左腿,后五位。

第五个八拍:

1 ~2 拍:左腿向前擦地。

3 ~4 拍:向后划半圆。

5 ~8 拍:重复 1 ~4 拍一次。

第六个八拍:

1 ~4 拍:左腿经一位前伸,右腿半蹲。

5 ~6 拍:经二位到五位,眼看左手。

7 ~8 拍:右腿直立,收回左腿。

第七个八拍:

1 ~2 拍:右腿向后擦地。

3 ~4 拍:向前划圈一次。

5 ~8 拍:重复 1 ~4 拍一次。

第八个八拍:

1 ~2 拍:右腿经一位后伸,左腿屈。

3 ~4 拍:手二位。

5 ~6 拍:由二位打开到五位,右手在上,看右边。

7 ~8 拍:直立,手七位。

第九个八拍:

1 ~2 拍:右腿划向前。

3 ~6 拍:身体前倒,手二位。

7 ~8 拍:推起身体,手三位。

第十个八拍:

1 ~6 拍:向后下胸腰,也可以不改变原来的姿态,只下胸腰。

7 ~8 拍:回身。

第十一个八拍:

1 ~4 拍:身体对 7 点,脚大四位,手六位。

5 ~8 拍:控右后腿,手到六位。

第十二个八拍:

1 ~2 拍:身体转向 2 点,后控腿,六位手。

3 ~4 拍:身体转向 4 点,后控腿,六位手。

5 ~6 拍:身体转向 6 点,后控腿,六位手。

7 ~8 拍:身体转向 8 点,后控腿,六位手。

第十三个八拍:

1 ~4 拍:身体转向 1 点,左旁控腿,七位手。

5 ~6 拍:右脚侧落地。

7 ~8 拍:左脚收回右脚前,面对 2 点。

(四) 组合练习4　小跳

【音乐】 2/4 拍,中速。

【预备姿态】 脚一位站立,手一位。

第一个八拍:

1 ~2 拍:一位跳起两次。

3 ~4 拍:一位落地半蹲,直腿,手一位。

5 ~6 拍:同 1 ~2 拍。

7 ~8 拍:同 3 ~4 拍。

第二个八拍:

1 ~2 拍:一位半蹲跳起二位落地,二位跳两次。

3 ~4 拍:二位半蹲,直腿。

5 ~6 拍:同 1 ~2 拍。

7 ~8 拍:同 3 ~4 拍。

第三个八拍:

1 ~2 拍:向左跳转体 45°,面向 8 点,五位半蹲,跳起两次,空中控制姿态。

3 ~4 拍:五位落地起,手一位,停住。

5 ~6 拍:同 1 ~2 拍。

7 ~8 拍:同 7 ~8 拍。

第四个八拍:

1 ~2 拍:转体 90°面向 2 点,五位半蹲跳起两次。

3 ~4 拍:五位半蹲直起,停住。

5 ~6 拍:反复五位跳两次。

7 ~8 拍:同 3 ~4 拍。

(五) 组合练习5　半脚尖

【预备姿态】 脚五位,面向一点,手一位。

第一个八拍:

1 ~4 拍:右脚前伸,左腿半蹲手二位。

3 ~8 拍:推起左脚,右脚尖向前迈,左脚迅速上靠,手五位,立住。

第二个八拍:

1 ~8 拍:右脚从 8 点开始向左走一圈,眼看左手。

第三个八拍:

1 ~4 拍:左手放下,两手七位。

5 ~8 拍:两手经一位打开,右脚向侧擦地成侧弓步。

第四个八拍:

1 ~4 拍:推起左脚,右脚尖各 2 点侧迈,左腿迅速在前五位立住,手七位。

5 ~8 拍:收手回一位,脚五位。

第五个八拍：

1～4 拍：左脚前伸，右腿半蹲，手二位。

5～8 拍：推起右脚，左脚尖向前迈右腿迅速上靠，手五位，立住。

第六个八拍：

1～8 拍：右脚从 2 点方向向右走一圈，眼看右手。

第七个八拍：

1～4 拍：右手放下，两手七位。

5～8 拍：两手经一位打开，左脚向侧擦地成侧弓步。

第八个八拍：

1～4 拍：推起右脚，左脚尖向 2 点侧迈，右腿迅速在前五位立住，手七位。

5～8 拍：收手回一位，脚五位。

（六）组合练习 6　脚尖步

【预备姿态】　面向 8 点，脚五位，手一位。

第一个八拍：

1～4 拍：左腿后伸，右腿屈，上体前俯，手二位。

5～6 拍：右腿推起，左腿后立半脚尖，右腿迅速靠在左腿前立住，左手在上五位。

7～8 拍：左手侧落下，两手成一位，脚五位。

第二个八拍：

1～4 拍：两手打开到七位，右腿向侧擦出，屈左腿。

5～8 拍：迈右腿，左腿迅速在前靠上，五位立住。

第三个八拍：

1～4 拍：右腿后伸，左腿屈，上体向前，手从七位经一位到二位。

5～6 拍：左腿推起，右腿后立，平脚尖，左腿迅速靠在右腿前五位立，右手在上的五位。

7～8 拍：右手侧落下，到一位两脚五位半蹲。

第四个八拍：

1～4 拍：两手打开到七位，左腿向侧擦出。

5～8 拍：迈左脚，右腿迅速在前靠上，五位立住，反复多次。

二、擦地组合

【音乐】　2/4 拍，中速，4 拍为 1 个小节。

【预备姿态】　五位脚，手臂一位手，面向 8 点。

第一个八拍：

1～4 拍：手臂由一位到二位，由二位手打开到六位。

5～8 拍：右脚向前擦地，收回。

第二个八拍：

1～4 拍：右脚向前擦地，收回。

5 ~ 8 拍：前 2 拍右腿向前擦地，后 2 拍成四位蹲。

第三个八拍：

1 ~ 4 拍：前 2 拍右腿收回吸腿，手二位。后 2 拍右腿放在左脚后成五位。

5 ~ 8 拍：右脚向后擦地，右手前伸，后两拍脚收回。

第四个八拍：

1 ~ 4 拍：右脚向后擦地，右手不变，脚同样收回。

5 ~ 8 拍：前 2 拍，右脚向后擦地，后 2 拍大四位。

第五个八拍：

1 ~ 4 拍：前 2 拍，提吸右腿，手变二位。后 2 拍右腿放在左脚前成五位，面向 1 点。

5 ~ 8 拍：右脚向右侧擦地，此时两臂侧伸，收在左腿后。

第六个八拍：

1 ~ 4 拍：右脚向右侧擦地，收回左腿前，手一位。

5 ~ 8 拍：右脚向右侧擦地，屈左腿经半蹲移重心到右腿，手打开到七位。

第七个八拍：

1 ~ 4 拍：收左腿在右脚前，左手跟着收回到一位。

5 ~ 8 拍：先屈左腿，做左插秧步。

第八个八拍：

1 ~ 4 拍：右插秧步。

5 ~ 8 拍：五位立，同时向或右转身 180°后，放下脚跟。

第九个八拍：

1 ~ 4 拍：五位立，同时向右转身 180°后，放下脚跟，面向 2 点。

5 ~ 8 拍：由一位到二位，由二位手打开到六位。

第十个八拍：

1 ~ 4 拍：左脚向前擦地，收回。

5 ~ 8 拍：左脚向前擦地，收回。

第十一个八拍：

1 ~ 4 拍：前 2 拍左脚向前擦地，后 2 拍成四位蹲。

5 ~ 8 拍：前 2 拍左腿收回吸腿，手二位。后 2 拍左腿放在右脚后成五位。

第十二个八拍：

1 ~ 4 拍：左脚向后擦地，左手前伸，右手侧伸，左脚收回。

5 ~ 8 拍：左脚向后擦地，左手不变，脚收回。

第十三个八拍：

1 ~ 4 拍：前 2 拍，左脚向后擦地，后 2 拍大四位。

5 ~ 8 拍：前 2 拍，提吸左腿，手变二位。后 2 拍左腿放在右脚前成五位，面向 1 点。

第十四个八拍：

1 ~ 4 拍：左脚向左侧擦地，同时左手打开，手成七位，接着收左腿回右腿后。

5 ~ 8 拍：左脚向左侧擦地，收回右腿前，手一位。

第十五个八拍：

1～4 拍：左脚向左侧擦地，屈右腿经半蹲移重心到左腿，手打开到七位。

5～8 拍：收右腿在左脚前，右手跟着收回到一位。

第十六个八拍：

1～4 拍：先屈右腿，做右插秧步。

5～8 拍：左插秧步。

第十七个八拍：

1～4 拍：五位立，同时向左转身 180°，放下脚跟。

5～8 拍：五位立，同时向左转身 180°，放下脚跟，面向 2 点。

三、腰　组　合

【音乐】 2/4 拍，慢速。

【预备姿态】 8 拍，一位脚，一位手。

第一个八拍：

1～4 拍：头向左转绕。

5～8 拍：头向右转绕。

第二个八拍：

1～4 拍：两臂在旁提起旁伸，看左手。

5～8 拍：两手臂抱胸前交叉。

第三个八拍：

1～4 拍：两臂从下向旁伸，看右手。

5～8 拍：两手抱胸前交叉。

第四个八拍：

1～7 拍：两臂从下向旁伸，停住。

8 拍：两臂收回前交叉。

第五个八拍：

1～4 拍：两手向旁推开，胸打开，同时一位半蹲。

5～8 拍：半蹲起，手放下，两手胸前交叉。

第六个八拍：重复第五个八拍动作。

第七个八拍：

1～4 拍：两手向旁推开，胸打开，同时一位全蹲，脚后跟离开地面。

5～8 拍：由腹部开始，经腹部、胸部、肩、颈、头，一节一节向内含收起（向内波浪）。最后半拍两臂从下收回快速胸前交叉。

第八个八拍：

1～4 拍：两手胸前经交叉，两手向旁推开，胸打开，同时一位全蹲，脚后跟离开地面。

5～8 拍：由腹部开始，经腹部、胸部、肩、颈 、头，一节一节向前起（向前波浪）。最后半拍两臂从下收回快速胸前交叉。

第九个八拍：

1 ~4 拍：左脚向左边成二位，两手经前交叉向外推开，同时半蹲。

5 ~8 拍：经半蹲起。

第十个八拍：重复第九个八拍。

第十一个八拍：

1 ~4 拍：二位脚，两手经前交叉向外推开，全蹲。脚后跟离开地面。

5 ~8 拍：由腹部开始，经胸部、肩、颈、头，一节一节向内含收起（向内波浪）。

第十二个八拍：

1 ~4 拍：二位脚，两手经前交叉向外推开，全蹲，脚后跟离开地面。

5 ~8 拍：由腹部开始，经腹部、胸部、肩 、颈、头，一节一节向前提起（向前波浪）。最后半拍两臂从下收回，快速胸前交叉。

第十三个八拍：

1 ~ 拍：右脚向前划到点地。

2 ~ 拍：重心前移，双手二位，左腿勾脚，身体前屈。

3 ~4 拍：左腿屈膝提起，打开胯。经过膝盖向后绕，手由二位到三位。

5 ~8 拍：左膝向后绕，后伸点地，身体充分伸展，胸腰充分展开。

第十四个八拍：

1 ~2 拍：收回左腿，手经一位到二位，重心前移屈体，抬起右腿勾脚。

3 ~4 拍：右腿屈膝提起，打开胯。经过膝盖向后绕。手由二位到三位。

5 ~8 拍：右膝向后绕，后伸点地，身体充分伸展，胸腰充分展开。

第十五个八拍至第十八个八拍重复第十三个八拍至第十四个八拍两次。

第十九个八拍：重复第一个八拍，五位脚。

第二十个八拍：重复第二个八拍，五位脚。

第二十一个八拍：重复第三个八拍，五位脚。

第二十二个八拍至第二十四个八拍与第四个八拍至第六个八拍相同，五位脚。

第四节　基本素质训练

一、腿 的 训 练

（一）压腿及搬腿

压腿是初学者最基本的一种练习，它解决腿的软度、胯的开度和收胯的能力。

第一种方法：正压腿及正搬腿

- **正压腿**

【预备姿态】 面向把杆成小八字步站立，两臂侧平举。

【动作要领】 轻轻用脚放在把杆上（勾，绷均匀），先耗腿，上身不动，压腿时用小腹去贴大腿，胸部贴膝盖，下巴往脚尖用力，双手去抱脚尖，注意绷脚尖和背屈脚背，反复上下进行振动。

【动作要求】 上体直向前下用力压。

● 正搬腿

【预备姿态】 仰卧在地毯上，双臂在身体两侧。

【动作要领】 甲乙两人配合，甲左腿屈膝前吸，然后大腿固定，伸直小腿。乙用一膝抵住甲的右膝部，左手抓住甲的左腿踝部往上推左腿使脚靠近头部，同时右手压住甲的左髋，使髋部不随腿送出。

【动作要求】 收腹、直膝、绷脚(或勾脚)，尽量使动力腿的脚背碰头。

第二种方法：旁压腿及旁搬腿

● 旁压腿

【预备姿态】 侧向把杆。

【动作要领】 (以右腿为例)小腿伸直轻轻地用脚跟放在把杆上，先耗旁腿，然后压旁腿，压时以右肩碰右膝，右手扶把，右手过头顶打右脚尖，上体直起再压，反复进行振动。

【动作要求】 髋要旁开胯、侧屈。

● 旁搬腿

【预备姿态】 仰卧在地毯上。

【动作要领】 甲乙两人配合，甲左腿屈膝旁吸，伸直成旁腿，乙搬其腿靠近头侧，其他同躺前腿。

【动作要求】 髋部要固定，其他同躺搬前腿。

第三种方法：后压腿及跪搬后腿

● 后压腿

【预备姿态】 左肩对把杆站立，向右转45°左手扶把，右手侧举。

【动作要领】 右腿吸旁腿向后伸直，轻轻用脚的内侧绷脚面置把杆上，右手臂上举，从肩开始往后压，或加主力腿深蹲，压胯。

【动作要求】 膝盖不能弯曲，用力勾脚或绷直。

● 跪搬后腿

【预备姿态】 甲乙两人配合，甲左腿跪在地毯上，大腿与地面垂直，右腿伸直绷脚点地在后，双手扶把，相距一肩宽，乙在甲身后左膝跪地。

【动作要领】 甲将右腿放乙的右肩上，同时乙双手从后面握住甲的双肩，使甲的肩和右腿尽量相互靠拢。

【动作要求】 甲抬头、挺胸、收腹、直膝、绷脚，支撑腿的大腿始终与地面保持垂直。乙用力要柔，使甲肩和右腿逐渐靠拢。

(二) 压胯

压腿时后背要挺直，压旁腿要开胯压，压后腿要正，收腹收腰。

【预备姿态】 面向把杆,双手扶把,成弓步箭步站立。

【动作要领】 将后腿滑伸出去(用脚内侧触地)、前脚绷直随后腿慢慢地伸出,至两腿紧贴于地面,同进变单手扶把,做上下振动。

【动作要求】 充分让后腿胯步打开,用力下压。

(三)踢腿

第一种方法:正踢腿(或踢前)

【预备姿态】 正步站立,或一位站立,面向正前方手七位。

【动作要领】 右脚向前半步,重心立即跟上去,左腿前踢,落正步或落后点地,接着左脚上前半步,重心立即跟上去,再踢右腿,如此反复进行。

【动作要求】 提气、立腰、收腹、身体和七位手不能跟随踢腿而晃动,膝要直,背要挺,重心移得快,迈步不能过大,正踢腿时脚背向上,一位踢起时脚背向外,头要正,眼平视正前方。

第二种方法:旁踢腿

- **旁踢(1)**

【预备姿态】 丁安步站立,右手托掌,左手按掌,面向正前方,

【动作要领】 右脚向左前上步,重心移到右腿上,踢左旁腿,落左丁字步,左腿再向右前上一步,重心移至左腿,同时双手晃至左侧成托按掌,然后踢右旁腿,如此反复进行。

【动作要求】 胯要开,肩要正,多向正旁踢起,上步时大腿根要夹紧,步子不能太大,身体手臂不能晃动,脚尖可勾,也可绷直。

- **旁踢(2)**

【预备姿态】 左丁字步站立,双手拉开,面向1点。

【动作要领】 左足向前一小步成一位,重心移至左腿,同时向左转体90°成右踏步,然后右腿向右肩踢起,右手撩掌,左手托掌,第二次踢腿时,右足再向前一小步成一位,重心移至右腿,向右转180°向左肩(1点方向)踢旁腿。

【动作要求】 胯要开,肩要正,向正旁踢起,身体手臂不能晃动,绷脚尖。

- **旁踢(3):侧卧旁踢腿**

【预备姿态】 左侧身卧地,两手摸地。

【动作要领】 右侧踢腿90°以上,落地放下,重复一次,翻转至另一侧,左侧踢腿,落地放下。

【动作要求】 旁腿必须打开后再踢,伸膝绷脚尖。

第三种方法:后踢腿

有三种方法。

- **原地踢后腿**

【预备姿态】 面向2点或8点,成五位站立,手一位。

【动作要领】　后腿擦地向后踢起,同时双臂向后甩至三位,上体后屈抬头,挺胸,头尽量向后找大腿。

【动作要求】　主力腿要站稳,挑腰。

• 俯卧后大踢腿

【预备姿态】　双手小臂双叠撑地,上身微抬起,两腿绷脚,伸直并拢。

【动作要领】　先右后大踢腿,落下,换成左腿大踢后踢腿,踢腿时两肩保持平正,向后踢腿时要对准自己的后脑勺,不能歪斜。

【动作要求】　保持正确姿态后踢腿,膝盖不能弯曲,后踢腿时不要掀胯,保持髋关节不要离开地面。

• 跪姿后踢腿

【预备姿态】　左(或右)膝跪地,右腿向后伸直后脚尖点地,双手与肩同宽撑地。

【动作要领】　先右后大踢腿,落下,再换成踢左腿。

【动作要求】　跪姿后踢腿与俯卧后大踢腿相同,要求上身后屈。

(四) 吸腿

• 坐地吸腿练习

【预备姿态】　坐地,两腿并拢伸直,双手旁下展开,手指轻着地,脚尖绷直。

【动作要领】　右腿正前吸腿,伸直还原,左腿正前吸腿,伸直还原,左腿上抬25°大腿保持不动,小腿旁屈,脚尖在左脚外侧点地,保持大腿不动,小腿伸直,换成右腿做。

【动作要求】　上身在动作进程中,要保持向上挺直,吸腿要绷脚,脚趾尖沿地面上、下移动、抬腿25°两腿略向外旋转开。

• 侧旁吸腿

【预备姿态】　面向左侧身卧地,左手向上伸直,掌心扶地。

【动作要领】　右吸旁腿,右腿外旋呈开状,正旁举腿90°,经旁吸腿放下,再吸腿,侧伸直膝举腿,翻转到另一侧。

【动作要求】　动作腿在吸腿时,脚尖要始终贴住另一条腿的膝盖处,不能松散,要向外旋开大腿,一直保持至全部动作完成之后才能回原位。

• 俯卧后吸腿

【预备姿态】　双手小臂双叠撑地,上身微起,两腿绷脚,伸直,并拢。

【动作要领】　右(左)后举腿,两腿同时后吸小腿,同时放下,右直腿后抬腿25°。右屈小腿呈后吸腿,伸直小腿,放下后腿,换左腿练习。

【动作要求】　小腿后吸时,后跟要尽量靠近臀部,后腿正对自己后脑勺,不能掀胯,保持双肩和胯部正对前方。

• 仰卧吸腿

【预备姿态】　仰卧,两腿并拢,绷脚伸直,双手两侧。

【动作要领】　右腿正前吸腿90°,向上伸直90°落下,大腿向前吸腿90°,向左侧翻身成侧位,右吸旁腿25°,右腿旁撩腿落下,换腿练习。

【动作要求】　吸撩腿动作要连贯,吸腿要紧,撩要放长。

（五）控制

有多种方法，在此列举两种。

第一种方法：坐地前抱腿（勾绷脚尖两种做法相同）

【预备姿态】 上体直立坐在地毯上，直膝绷脚（或勾脚），双臂自然下垂在身旁，眼向前平视。

【动作要领】 双臂从两旁平抬起上举到头两侧，然后上身前伏，双臂随之，当胸部紧贴腿部时，双手握住脚掌。

【动作要求】 上身前俯时，后背保持直立，收髋。勾脚时用头部去碰脚尖。

第二种方法：躺地抬前腿

- **双抬腿**

【预备姿态】 仰卧在地毯上。

【动作要领】 双腿前抬90°再放下后成预备姿态，如此反复。

【动作要求】 收腹，直膝，绷脚，起、落过程要有控制，上下要连贯。初学者可有助于协同完成。

- **单抬腿**

【预备姿态】 仰卧在地毯上。

【动作要领】 一腿前抬90°，另一腿伸直贴在地面上，连续进行。

【动作要求】 固定的腿要绷直，尽量向地面压紧。

- **两腿交替抬**

【预备姿态】 仰卧在地毯上。

【动作要领】 先右腿前抬90°，然后右腿下落，同时左腿前抬，双腿在45°处相并，然后右腿继续下落，左腿继续上抬，右腿落地面时，左腿成前抬90°反复交替进行。

【动作要求】 两腿交替要连贯，不停地运动，要在45°处相并后再分开。

（六）劈叉

分竖叉和横叉。

【动作要领】 双腿向身体的前后左或右方向滑出，成一直线，上体直立，双腿直膝绷脚。

【动作要求】 髋要正，腿要直，对髋关节开胯不够的，开始可双手抓住把杆逐渐双腿下滑。

- **竖叉抱腿**

【预备姿态】 一腿前一腿后，成竖一字。

【动作要领】 双臂上举，然后上体前伏，双臂随之，当上身贴在前腿时双手抱住前腿的脚背。

【动作要求】 上身前俯时，后背保持直立，收胯。

● **竖叉下后腰**

【预备姿态】 一腿前一腿后，成竖一字。

【动作要领】 双臂经上举后随上身一起向后下腰，双手抓住后腿的小腿。

【动作要求】 上体后倒下胸腰。

● **上体直立横叉**

【动作要领】 双腿成一字横叉上体直立，双手在身后扶地。

【动作要求】 挺胸，立腰，直膝，绷脚，脚背向上。

● **下胸腰横叉**

【动作要领】 两人相对下横叉，前胸贴紧，双手相互抱住对方的腰部，各自向后下胸腰。

【动作要求】 挺胸、立腰、慢慢后倒。

二、转 的 训 练

转有旋转、跳转。可以在原地转，也可在行进间转或腾空转，丰富多彩，变化无穷。这里选择了四个最基本的转。行进间训练的转具备一定的能力，将会给其他多种转打下良好的基础，转时全身肌肉收紧，对形体有着很大的意义。

（一）转的基本要领

（1）动力：转要有动力，没有动力转不起来。主力腿半蹲直起，脚后跟推地的力量；另一脚前点成半脚尖立转。动力腿运动的力量；头、肩、手臂的配合运动以及前进间转的惯性力量等。

（2）控制转：要有动力，但不能用力太大或用力过猛，要使力量用得适当必须会控制力量。过猛会甩出去，失去平衡，小了又转不动，所以力量一定要用得恰到好处。

（3）平衡：做转时一定期要掌握平衡，也就是重心要稳，要使整个身体集中在一个力点上，身体完全垂直，不能倾斜、歪扭，这样才能转得多，转得好，主力腿要完全伸直，踝关节、膝盖要有力，半脚尖要高，交点与地的接触面越小，摩擦就越小，最好后背挺立，身体各部分要在转的一瞬间，统一行动。

（4）方向：转的方向一定要明确，眼睛看准固定目标，每转完一转后，就要找到原来的目标，头始终朝着将转方向看。这样才不会晕头转向。

转是中间动作，但因它的难度较大，故把杆除了为它作能力准备外，也可以在把杆上做吸腿转、跨腿转和掖腿转。这样把杆和中间交错进行训练，对掌握重心、运用转的动力起到辅助作用。

（二）转的基本方式

1. 平转

● **平转 1**

【预备姿态】 身体对 2 点，左脚前点步，头看 8 点斜线进行，左手在前六位。右足向

8 点一步,同时重心移到左中立,右腿再向 8 点一小步,转身 360°,身体随脚转 1 个圈对 8 点,反复进行。头先留下,转后圈时快甩过来,始终看 8 点方向。

- **平转 2**

在平转 1 的基础上,回原位时由手七位,到手二位,脚五位或丁字步。

平转可在斜线、直线和圆圈上进行。

平转结束时可上步亮顺风旋,也可接跨腿转、掖腿转以及翻身等技巧动作,然后再加舞姿亮相。在时装表演中,直线平转的方法应用频繁。

平转是模特儿舞台训练中的重要内容,主要是它的姿态和感觉。

【动作要求】 重心要掌握好,不能偏、倾。收臀、立腰、后背挺直,腿要有往里夹的感觉。上步要一样大,且要在一直线上。肩、胯、脚三者一定要同时动作,身体和脚不能交叉相拧,头要找好目标。

2. 跨腿转

【预备姿态】 左前弓步,左脚对 1 点,身体朝 2 点,头看 1 点,手七位。左脚重心右脚勾脚擦地起,腿经旁到侧腿位置 45°,主力腿保持半蹲。右腿做跨腿的同时主力脚直起,半脚尖立。身体随跨腿力量向左转一圈或数圈,手二位。头在转前看好目标,先留头,待头留不住时,快速地将头甩过去,看原来的目标,转完后停在蹲腿舞姿上,还原时,主力腿先收脚跟,再落动力腿,收手。

【动作要求】 重心始终在主力腿脚尖上,不能用脚跟脚掌来回碾。立腰,后背挺立,提气,头顶垂直主力腿脚尖,主力腿要挺直。跨腿时小腿要平跨吸至体前。转的过程中多保持跨腿舞姿。

3. 掖腿转 1

【预备姿态】 左丁字步站立,左手前六位。左脚向 8 点一步(步子不能太大,否则重心不能跟过去,影响直立)。重心立即移到左脚上立半脚尖,右脚快跟上去,脚腕贴于左膝窝处成掖腿。左手打开成七位(移得多时,双臂可成三位),身体随着掖腿的运动,向左旋转一圈或数圈。转时要留头,再回头,然后落左脚跟,右脚直接落下,在主力腿后面成左丁字步,收手。

【动作要求】 上步时头往上顶,不得往前冲,动力腿要贴紧在主力腿上,尽量打开,在前的手顺转的方向打开,不能往外甩。

4. 掖腿转 2

【预备姿态】 右丁字步站立,六位手。右腿端腿,双手手心向下从前向左,主力腿半蹲,动力腿往前踢出。经十字腿,前腿,旁腿迅速掖回小腿贴在主力腿上,主力腿立半脚尖,双手同时向前平伸,再向两旁打开后翻腕,依靠动力腿的踢、掖和主力腿的弯、直及手臂的运动,向右旋转。

三、跳的训练

跳在舞蹈训练中是难度较大的动作,是塑造人物形象,表达思想感情必不可少的手段,地面上的许多舞姿都要腾空而起在空中展现,因此要经过严格训练,才能完成各种弹跳动作。在芭蕾舞蹈训练中,跳的动作很多,而且比较科学。归纳起来有:小跳、中跳、大跳。这三种跳又可分为五类:①双起双落;②双起单落;③单起双落;④单起单落;⑤换脚跳(即在空中换脚)。这每一类动作,它们都有一个由浅入深、由简到繁的关系,如先叉腰动作,而后再加手臂动作,甩头、身体方向、变换姿态等,放下要慢而轻。通过由浅入深的学习动作、掌握动作,才能够取得修身和锻炼的效果。

(一) 小跳

• **一位小跳**(也可在小八字步上做)

【预备姿态】 手一位,身体对 1 点,头看正前方。一位半蹲,两脚迅速推地绷脚跳起。

【动作要求】 腹以下肌肉全部收紧,在空中保持一位或八字步。落地时脚尖先落地,经过脚掌然后到全部着地半蹲。(见小跳组合)地上和空中的脚要保持一位或八字步。跳起时不要求高,但脚要在空中有绷的感觉,上体正直。呼吸要均匀,落地要轻、稳。蹲时膝盖要对准脚尖。

• **二位小跳**(可在大八字步上做)

【动作要求】 同一位小跳,但要求在二位上跳,在空中保持大二位或大八字步(见小跳组合),脚要在空中有绷的感觉,上体正直,呼吸要均匀,落地要轻而稳。蹲时膝盖对准脚尖。

• **五位小腿**

【动作要求】 和一位一样,但必须在空中保持五位。

• **小跳组合**

【音乐】 4/4 拍。

【预备姿态】 面向一点,一位脚,一位手。

第一个八拍:

1 ~4 拍:半蹲起跳,落一位半蹲,连续下跳两次。

5 ~8 拍:两腿直立,停住。

第二个八拍重复第一个八拍动作。

第三个八拍:

1 ~4 拍:半蹲起跳,落二位半蹲,连续下跳两次。

5 ~8 拍:两腿直立,二位停住。面向一点不变。

第四个八拍重复第三个八拍动作。

第五个八拍:

1 ~4 拍:半蹲起跳,左转 90°,面向 8 点,两腿落五位半蹲,右脚在前,左脚在后。

连续小跳两次。

5～8 拍：两腿直立，二位停住。

第六个八拍重复第五个八拍动作。

第七个八拍：

1～4 拍：半蹲起，跳转 180°，面向 2 点，两腿落五位两腿半蹲；左脚在前，右腿在后。连续小跳两次。

5～8 拍：两腿直立，二位停住。

第八个八拍重复第七个八拍动作。

（二）中跳

主要是原地跳，练挺拔的能力。

● **一位中跳**（或小八字步跳）

【预备姿态】 一位（或小八字步）站立，双手七位。做法同一位小跳，区别点是要求高度，在空中要有一瞬间的停顿，蹲下时双七位手撩起盖下，跳起时双手从下向两旁分开至小七位。跳得高，用力推地，收腹，收臀，不能向后仰或撅臀，落时要有控制力，柔软地着地。

● **二位中跳**（或大八字步）

做法要求均同一位中跳，但在二位上起跳落地，空中脚控制二位。

● **擦地双落方法**（单跳双落）

【预备姿态】 成五位站立，右脚在前，手预备位置，面向 1 点。

1 拍：左脚向前方擦出，右膝稍屈，同进双手打开到上七位。

2 拍：右脚蹬地跳起。

3 拍：双脚同量落地成五位（左脚在后，手回预备位）。

● **双足单落方法**

【预备姿态】 成五位站立，右脚在前，手预备位置，面向 8 点。

一双脚推地跳起，手打开直七位。左脚落地屈膝，后腿后举面向 7 点，右臂前举，左臂侧举成“迎风展翅四”。左腿伸直，停止不动。

（三）大跳

● **跳落地后腿**

跳起后腿立即打开，在空中要有劈腿的感觉，主力腿打开后落地时要向前迈，动力腿有力地踢成后脚腿停住。

● **变换方向的跳落后腿**

身体对 8 点，跳起后在空中转身至 2 点，再落地成后腿舞姿。这样反复进行。手同上述做法。

【动作要求】 后腿要用力往上抬，抬起后要控制不动，不能往下掉，后背要挺直，主力腿要柔软地落地，不能跳动或晃动。

● **劈腿跳**

【预备姿态】 右丁字步手一位，丁字步半蹲跳起，双手从下撩至托掌位握掌，两腿同时劈腿打开在空中劈腿。

【动作要求】 跳起在空中腹要提气，腿尽量打开绷直，落地时要快速并拢回落原位。

（四）单腿变身跳

【预备姿态】 面向1点右脚后点地，手预备。

左脚各前迈半步同时半蹲，右脚绷脚擦地踢前跟90°，同时左脚推地跳起，双手由下往上领三位托掌，身体对3点左腿落地半蹲，右腿控后腿，双手从两旁分开落下大位右手前伸。

【动作要求】 一定要踢起前腿后再变身，是在跳起时的最高点，前腿变后腿时高度不变，后腿要控住。跳时主力腿蹬地要往上，不能往远去。

（五）倒踢紫金冠

【预备姿态】 面向2点，前五位站立，手七位。

右腿向2点前擦地跳起，仍落前五位半蹲，手到一位。然后双脚同时推地跳起，右腿前踢45°，左腿向后踢起，两腿打开接近180°。上体向后下胸腰。与此同时，手的位置根据塑造人物的需要而定。跳起时要注意两腿和胸腰的一致性（展开）。这在艺术体操中应用最多。

（六）跨跳

【预备姿态】 面向2点右脚后点地，手七位。

右脚向3点做蹉步，同时手一位，左脚向前垫步，右腿用力向前踢起90°跳起。左腿迅速向后打开，手经过二位到各种舞姿。在空中有一刹那的停顿，然后前腿落地半蹲，后腿保持在90°以上，仍保持原舞姿，或变换另一舞姿。如交叉跨跳。

【动作要求】 跳时要注意起跳、摆腿、摆手几个动作的协调一致。

跳起在空中要形成一个抛弧线，不要往前冲。

眼睛要看上方，不得低头。

起跳时要提气。

四、常用的舞步

（一）柔软步

对锻炼身体的正直和脚背的形状有一定的帮助。

【预备姿态】 成小八字步站立，两手叉腰。初学者可做慢的练习。

1～拍：左脚向前伸出，膝盖脚背绷直，脚面向外。

2～拍：左脚尖落地经脚掌至脚跟落地同时重心前移至左脚，右脚在后脚尖点地，脚背向外。

3～4 拍:同上推从右脚开始向前走,如此反复练习。至熟练后将速度加快一倍,加上两臂左、右摆动。

【动作要求】

(1) 上体正直,不得左、右、前、后晃动。

(2) 脚背保持向外。

(二) 脚尖步

做法基本上同柔软步,只是从脚尖到半脚尖,脚跟始终不着地。

(三) 跑跳步

这是人们生活中时常出现的动作,即连跑带跳。动作是一拍完成,少年集体舞中经常采用。

第 1～拍:前半拍,左脚向前一小步,前掌着地。

后半拍,左脚随即跳起,同时右脚向前吸正腿。

第 2～拍:右脚向前一步。随即跳起,同时左脚向前吸正腿。如此反复进行。

(四) 跑马步

这是蒙古舞蹈中的基本步,是骏马飞奔的象形动作。一拍完成。

【预备姿态】 上体稍前倾,两手作拉马绳状。

节拍前:左脚屈膝提起,右脚起跳。

1～拍:左脚向前跨一步前掌落地,右脚前掌随即在左脚跟内侧点地,两膝微屈。右脚落地后,左脚随即提起,准备下一拍起跳。如此反复前进。身体随之上下颠动如骑马状。

(五) 踏跳步

这一动作是在舞蹈中常用的动作,就是在体育运动中上步踏跳的动作,如跳高、跳远、跳马等,只是在舞蹈中要求有一定的姿态。这个动作可以前、后、左、右做,在少数民族舞蹈中用得更多。如苗族摆手舞中的前摆手踏跳,后摆手踏跳,高摆手踏跳等均是以踏跳步为基础的变化动作。

【预备姿态】 正面站立,两臂小七位。

- **前后踏跳步:二拍完成**

1～拍:左脚向前,或向后跨一步。

2～拍:左脚跳起,右脚向后举起,或向前举起,总之与左脚的方向相反。

- **左、右踏跳步:四拍完成**

1～拍:左脚向左跨一步,两臂摆向左侧。

2～拍:左脚跳起,右腿吸旁腿。

3～拍:右脚向左跨一步,两臂摆向右上方。

4～拍:右脚跳起,左腿左侧举。

● **前后摆手踏跳步:二拍完成**

1～拍:左脚向前一步,双臂于体前,半握拳看手背向前。

2～拍:左脚跳起,吸右正腿,双臂摆向后。后摆手同上,双臂开始向后摆,然后向前摆。

● **高摆手踏跳步:二拍完成**

1～拍:左脚向前一步,双手摆至右侧成托按掌。

2～拍:左脚跳起,右脚在左脚后向左侧踢小腿,下左侧旁腰。

3～4 拍:同上从右脚开始做反面动作。

(六)变换步

变化很多,一般集体舞中多用。

【预备姿态】 成一位站立,两臂侧平举。

1～拍:左脚向前一步,身体重心移至左脚,右脚尖绷直后点地,两臂向体侧放下。

2～拍:右脚向左脚靠拢成一位,重心移至右脚,两臂贴于体侧不动。

3～拍:左脚再向前一步,为重心,右脚后点地,同时右臂向前。左臂向侧打开平举。

4～拍:控制上面姿态不动。

5～8 拍:同上 1～4 拍推从反面开始作。

(七)变换步跳

做法同上,只是两拍完成,同时在第 4 拍上左脚向上跳起,右腿向后举起。

(八)吸腿跳

实质上跟踏跳是一个类型,但由一脚站立另一脚吸正腿。同侧手可以提襟,另侧手三位举。这一姿态在中国古典舞中叫"金鸡独立"。在这一姿态上的左右换脚换手的跳,即算吸腿跳。

【预备姿态】 正步站立面向 1 点。

1～拍:右脚向右一小步,足尖向 3 点。

2～拍:上半拍,右脚向上跳起,同时身体向右转 90°,正向 3 点,左脚吸正腿,右手握拳上举,左手握拳"提襟"。头转向 1 点。下半拍,右脚落地,单脚立,上体姿态不变。

3～拍:向左后转 180°成面向 7 点,左脚向前一步。

4～拍:向上 2 拍反复动作,如此交换着做。

【动作要领】

(1)吸起的腿大腿抬平,脚尖绷直,靠于直撑腿的内侧。

(2)上体正直,转头时要干净利落。

(九)插秧步

【音乐】 3/4 拍,三拍完成一个动作。

【预备姿态】 右脚在后的五位站立,手一位。

1 ~ 拍:右脚从左小腿后向侧吸旁腿后再向左腿骨前插下一位半蹲,同时左脚提起掖于右腿后,身体转向 8 点,头转向 1 点。

2 ~ 拍:左脚在右脚后跟处半脚尖立起右腿吸旁腿,脚尖靠近左腿膝骨前从身体转向 2 点。

3 ~ 拍:右脚插向前脚后半脚尖立起,左脚吸旁腿,脚尖靠近右腿膝骨。

4 ~6 拍:同 1 ~3 拍动作做,从左脚开始的反动作。

(十)波尔卡

这一动作与变换步相同,只是在变换步之前一小跳即可,节奏比变换步快,动作较活跃。

(十一)跨跑步

这也是蒙古族舞蹈中常用的一种舞步,它表现快马飞奔的形象。

【预备姿态】 左手拉马绳,右手拍马鞭上举,脚站立正步,右脚尖点地。

Ta(节拍前):右脚起跳,左脚向前跨出。

1 ~ 拍:左脚落地。

Ta(一的下半拍):右脚迅速向前跑一步。

2 ~ 拍:左脚再向前跑一步。

Ta:左脚跳起,右脚向前跨。

3 ~ 拍:右脚跨步落。

Ta:左脚迅速向前跑一步。

4 ~ 拍:右脚再迅速向前跑一步。

Ta:反复节拍前动作。如此反复向前迅跑,手臂保持预备姿态自然颠动。上体稍前倾,双目注视前方。

(十二) 华尔兹

这是芭蕾舞中常见的舞步,在艺术体操、冰上舞蹈、女子自由体操中也用得较多,它是由一个柔软步和两个脚尖步组成,是 3/4 的节奏,一拍一步,可以前进、后退、向侧或转体,变化很多,但节奏不变,身体重心是波浪形运动。下面介绍几种常用的华尔兹。

- **前进的华尔兹**

第 1 小节:

1 ~ 拍:左脚向前一个柔软步。

2 ~ 拍:右脚向前一个足尖步。

3 ~ 拍:左脚向前一个足尖步。

第 2 小节:1 ~3 拍:同上推,从右脚开始,如此反复前进。

提示:

(1) 先把脚训练好,单人或双人练习。用社交舞蹈的手法教和练,效果更好。

（2）接着手和脚的配合。手臂动作可做侧波浪，双臂侧举，左脚开始时左臂波浪，右脚开始时右臂波浪，亦可作双臂向后，绕环左后始在左右绕环一周，右脚始在右后绕环1周。

●转体180°华尔兹

【预备姿态】 一位立，双臂七位。

1~拍：左脚向前一柔软步。

2~拍：右脚向前一脚尖步，同时向左转180°。

3~拍：右脚向右脚靠拢成一位脚尖立。

4~拍：右脚退后一个柔软步。

5~拍：左脚向前一个脚尖步，同时右转体180°。

6~拍：右脚向左脚靠拢成一位脚尖立。

●原地侧转90°华尔兹

【动作要领】 成五位立，双臂上举，手背相靠。

1~拍：左脚向左一个柔软步，同时向左转体90°，双臂向两侧打开，手心向上，头仍看前方。

2~拍：右脚于左脚后做脚尖步，同时身体向右转90°还原，双臂向上还原成开始姿态。

3~拍：左脚于右脚旁做脚尖步。

4~拍：右脚向右一柔软步，同时向右转体90°，头仍留在正前方，双手打开至侧举，手心向上。

5~拍：同上第2拍，向左转还原方向。

6~拍：右脚向左脚靠拢作一脚尖步，双臂收成上举，手背相靠。

●跳转180°华尔兹

【动作要领】 面向1点成五位站立，两臂七位。

1~拍：左脚向前一个柔软步，落地屈膝半蹲，同时右腿向前伸出25°左右，右手穿掌。

2~3拍：右、左向前两个尖步，两臂同时在体前交叉内划。

4~拍：左脚起跳空中转体180°，右脚落地半蹲，左腿后举平衡，同时左臂前平举，右臂侧举。

5~6拍：左、右向后退做两个脚尖步，手不动控制上位置。如此反复前进，第二次开始时，左脚落地前要加转180°，才能继续前进，否则会往回走。

（十三）猫跳

猫跳也称雀跃步。

做得大时像猫跳，做得小时像雀跃。这是法国舞步，原文为法文。

【预备姿态】 五位站立，双手七位。

1~拍：前半拍，左脚向前一步，随着起跳。

后半拍，右腿屈膝提起，接着左脚随着屈膝上提，然后右脚从后拉至在左脚前落地。

2~拍：左脚拉至右脚前落地，同时双臂从侧经下向前往后绕环1周至平举。

3～拍：上半拍，右脚向前一步随即起跳。

下半拍，左脚、右脚，依次屈膝跳起，左脚从后拉至右前落地。

4～拍：右脚拉至左脚前落地时，双臂前平举向下经后向前绕一周至侧平举，如此反复前进。

五、素质训练小配合

（一）组合1 小弹腿

这是训练大腿肌肉屈伸能力及稳定性和膝关节弹性的练习。

【音乐】 2/4拍，快速。

【预备姿态】 成五位站立，左手扶把，右手一位。

【前奏】 右手打开成七位，最后一拍侧伸右腿点地。

第一个八拍：

1～2拍：右腿背屈脚向腿后、腿前弹击。

3～4拍：前弹右腿一次，蹦脚尖，然后收回。

5～8拍：连弹两次，同3～4拍。收右小腿把脚尖贴紧左小腿肚子处。

第二个八拍：

1～2拍：右小腿背屈脚，由前到后有力地弹击。

3～4拍：右小腿侧弹一次，蹦脚尖，背屈脚收左腿后。

5～6拍：反复3～4拍一次，收腿在前。

7～8拍：反复3～4拍一次，收腿在后。

第三个八拍：

1～2拍：背屈脚向前向后弹击。

3～4拍：腿后弹一次，收回。

5～6拍：腿后弹两次，收回成小吸腿。

7～8拍：左腿曲，右脚腕前后吸摆8次。

第四个八拍：

1～6拍：左腿立，吸右小腿，右脚尖靠着左脚腕颤动。

7～拍：右脚侧点地。

8～拍：从前划圆接转体180°（即掖腿转）。换右手扶把，左手二位，回五位。

第五个八拍：

1～2拍：右手扶把，左手七位吸左腿脚背曲，左腿向前弹腿。

3～4拍：然后收回。前弹腿一次，同时绷脚尖。

5～6拍：侧弹击前后。

7～8拍：侧弹腿一次，同时绷脚尖，然后收回左脚在后。

第六个八拍：

1～2拍：同上7～8拍。

3～4 拍：同上 5～6 拍。

5～6 拍：向后弹腿一次，同时绷脚尖，屈腿收回。

7～8 拍：向后弹腿一次，同时绷脚尖，直腿收回，左腿回一位。

【教学要求】

(1) 弹腿时要干脆有力。

(2) 弹击时膝盖的空间位置固定，小腿向大腿看齐。

(3) 控制力要自己找重心试看离把，头顶要垂直足尖，头往上顶。

(4) 转时要以身体为纵轴，身体两侧做方向相反、力量相等的运动。

(二) 组合 2　控制

【音乐】 4/4 拍，慢速。

【预备姿态】 侧对把杆，左手扶把，右手一位，脚五位。

第一个八拍：

1～4 拍：右吸小腿，吸大腿。吸大腿的同时，手到二位。

5～8 拍：放下右腿回原位。

第二个八拍：

1～4 拍：右腿收吸小腿。吸大腿的同时，手到二位。

5～8 拍：右腿向前伸直控正腿，右手三位。

第三个八拍：

1～4 拍：慢放下，前点地。

5～8 拍：脚收回五位，手一位。

第四个八拍：

1～4 拍：右腿收吸小腿，吸大腿。吸大腿的同时，右手到二位。

5～8 拍：收回成五位。

第五个八拍：

1～4 拍：右腿收吸小腿。吸大腿。吸大腿的同时，手到二位。

5～8 拍：右腿向旁伸直控侧腿，右手七位。后攀峰式。

第六个八拍：

1～4 拍：右腿放下侧点地，手七位。

5～8 拍：向左侧下旁腰。

第七个八拍：

1～4 拍：起身，右手经七位，收回一位手，五位脚。

5～8 拍：右腿收成旁吸小腿，吸大腿。吸大腿的同时，手到二位。

第八个八拍：

1～4 拍：收回成五位。

5～8 拍：右腿收成旁吸小腿，旁吸大腿，吸大腿的同时，手到二位。

第九个八拍：

1～8 拍：右腿向后伸直控后腿，右手七位(顺风展翅)。

第十个八拍：

1～4 拍：后点地，手七位。

5～8 拍：停顿。

第十一个八拍：

1～4 拍小节：向后倒，下大腰。

5～8 拍：回身，右手三位。

第十二个八拍：

1～4 拍：右手向后，左手脱把在前。

5～8 拍：停顿。

第十三个八拍：

1～4 拍：收右腿，经半蹲前伸腿点地，二位手。

5～8 拍：上右脚，左手扶把，并左脚同时立半脚尖，右手到三位。

第十四个八拍：

1～8 拍：放下脚跟成脚五位。回原。

【教学要求】 在强调高度的同时，特别要注意身体的正直、方向的准确。不得为了贪高而养成含胸弓背、后坐、支撑腿、膝不直等多种毛病而影响舞姿和姿态。

（三）组合 3 大踢腿

大踢腿训练腿的软度、速度和爆发力，增强肌肉和后背的力量。大踢腿的幅度较大，开始时不要强调高度，而要注意身体的正直，动作的正确，方向的准确。不得贪高而养成弓背、后坐、膝不直等多种毛病而影响舞姿。

【音乐】 4/4 拍，中速。

【预备姿态】 成五位站立，左手扶把，右手叉腰。

【前奏】 1～2 小节：右手由二位打开到七位。

第一个八拍：踢正腿。

1～拍：右脚向前踢起，90°以上。

2～拍：右脚还原成五位。

3～8 拍：反复 1～2 拍动作 3 次。

第二个八拍：踢正腿

1～4 拍：同上 1～4 拍踢腿。

5～6 拍：踢起控制不动。

7～拍：右脚下落划后着地，七位。

8～拍：右脚收回成后五位。

第三个八拍：踢后腿

1～拍：右踢后腿。

2～拍：收右腿。

3～6 拍：控制不支。反复 1～2 拍 2 次。

7～拍：上体直立，右腿后踢侧举。

8 ~ 拍:右脚收回成五位,同时向右转 45°。

第四个八拍:踢侧腿。

1 ~ 拍:右脚踢侧腿。

2 ~ 拍:右脚放下。

3 ~ 8 拍:右脚踢 3 次。

第五个八拍:踢旁腿

1 ~ 拍:右脚踢旁腿。

2 ~ 拍:右脚放下。

3 ~ 4 拍:右脚踢反复一次。

5 ~ 7 拍:踢起控制上面姿态不动。

8 ~ 拍:收左腿还原成五位立,向左转 45°,还原成预备姿态。反复练习。

【教学要求】

(1) 踢腿时方向要准确,上体飞直,不能后坐。

(2) 控腿时,大腿愈靠近身体愈好。

(四) 组合 4 盘脚压胯

【音乐】 3/4 拍,慢速。

【预备姿态】 脚心相对,盘腿坐地,双手扶脚。

第一个八拍:

1 ~ 拍:两膝微微抬起。

2 ~ 拍:两膝下压打开。

3 ~ 4 拍:动作同 1 ~ 2 拍。

5 ~ 8 拍:动作同 1 ~ 4 拍。

第二个八拍:

1 ~ 4 拍:两膝微微抬起,下压,直腿打开胯,一拍一次下压,打开胯部,弹压。

5 ~ 8 拍:动作同 1 ~ 4 拍。

第三个八拍:

1 ~ 拍:双手扶膝部,上身挺直向前压。

2 ~ 拍:还原。

3 ~ 4 拍:一拍一次向前压胯。

5 ~ 8 拍:动作同 1 ~ 4 拍。

第四个八拍:

1 ~ 2 拍:直背。

3 ~ 4 拍:上身向上伸展,姿态直立双手三位。

5 ~ 6 拍:上身向左侧伸展,左手在前摸地。

7 ~ 8 拍:上身向左侧伸展,右手在前摸地,还原直立。

第五个八拍:

1 ~ 2 拍:两手撑地,向左转体 90°,左腿在前,右腿在后,前手打开胯部。

4 ~ 拍:双手在两侧触地,上身挺直向前压。还原。

5 ~ 8 拍:一拍一次向前下弹压胯。

第六个八拍:

1 ~ 4 拍:上身挺直,向前伸展。

5 ~ 8 拍:保持中间位直立。

第七个八拍:

1 ~ 4 拍:上身挺直,向后伸展。

5 ~ 8 拍:向后转,右腿在前,左腿在后。

第八个八拍:

1 ~ 4 拍:向前伸展上体。

5 ~ 8 拍:向后伸展上体,还原。

【教学要求】

(1) 盘坐时脚心相对,小腿尽量回收。

(2) 胯部打开,大腿外侧平放在地面。

(3) 不要低头。

(4) 向前压胯要保持后背挺直。

(五) 组合 5　膝关节练习

【音乐】 2/4 拍,中速。

【预备姿态】 正步,两手自然下垂。

第一个八拍:

1 ~ 2 拍:第 1 拍,曲双膝;第 2 拍,伸直双膝,向下用力。

3 ~ 4 拍:反复。

5 ~ 6 拍:第 1 拍,屈双膝,第 2 拍,伸直双膝,脚后跟着地,脚尖上跷。两手臂后摆。

7 ~ 8 拍:反复。

第二个八拍:

1 ~ 2 拍:第 1 拍,屈左膝;第 2 拍,伸直左腿,右脚左前点地。

3 ~ 4 拍:第 1 拍,重心转右,并屈右膝。第 2 拍,伸直右腿,左脚右前点地。

5 ~ 8 拍:同 1 ~ 4 拍。

第三个八拍:

1 ~ 4 拍:第 1 拍,屈膝的同时膝内扣;第 2 拍,两膝外打开。

5 ~ 8 拍:第 1 拍 伸直两腿的同时右脚右侧点地,身体左倒,稍转体。第 2 拍,收回右脚。

第四个八拍:

1 ~ 2 拍:第 1 拍,屈膝的同时膝内扣;第 2 拍,两膝外打开。

3 ~ 4 拍:第 1 拍,伸直两腿的同时左脚左侧点地。身体可倒,稍转体。

5 ~ 8 拍:同 1 ~ 4 拍。

【教学要求】 两手臂放松，随着身体摆动。屈膝时向下用力。直膝时两脚尖翘起。

(六)组合6　一位半脚尖

这个练习也可以作为脚尖练习，是训练腿形较好的方法之一。

【音乐】 2/4拍，中速，4拍为1小节。

第一个八拍：

1～4拍：双手扶把向把杆，一位脚。

5～8拍：脚后跟推起脚，一位脚。

第二个八拍：

1～4拍：脚后跟落下到一位，迅速推起脚成一位立半脚尖。

5～8拍：重复1～4拍。

第三个八拍：

1～8拍：屈两膝直角蹲。

第四个八拍：

1～8拍，半脚尖直立。

第五个八拍至第八个八拍重复第一个八拍至第四个八拍。

【教学要求】 注意用力推脚背。

第五章　体操类形体训练

体操运动员的形体训练是从站和走开始的，在日常生活中也要严格要求，直到形成良好的习惯，体操类姿势包括站、走、跑、仰卧、举腿、跪立、跪撑、俯卧、仰撑等，人的许多姿势都与站立姿势有密切的关系，正确的站立姿势是人体美感的基础。

第一节　人体活动的基本姿势

一、原地姿势

1. 站立

嘴自然闭合，上下牙咬合，眼睑自然张开，目光直视(即目光与面部垂直，从而使眼球保持在眼眶正中)，面部表情平静。挺胸，收小腹，腰部、颈部挺直，臀部略突出。两臂自然下伸，手略成弧形，食指掌指关节接近伸直。中指在裤缝处，但不触及，两腿并拢，脚跟靠拢，两脚的夹角稍大点也无妨，约为15°~20°，身体重心落在前脚掌，这样便于向走、跑步、提踵等动作过渡。

2. 坐

上体、头部保持站立时的姿势，当手撑地时注意勿耸肩、伸颈。

3. 卧

身体挺直，收下颌，目光直视，有俯卧、仰卧。

4. 跪

跪地时腿的摆放要正，同时脚绷直，有举腿跪、双腿跪、跪立、跪撑、跪坐等。

5. 撑

身体挺直，臂与地面垂直，有俯撑、侧撑、仰撑。

二、移动姿势

1. 走

上体、头部均保持站立的姿势。两脚跟内侧走在一条直线上，脚尖偏离中心线约8°~10°，由脚跟过渡到前脚掌之后，受力中心点在大趾和二趾之间，两臂保持站立时的姿势，并由上臂带动有控制地前后摆动。摆臂幅度不得过大，前摆为30°~45°，后摆不超过臀部的后缘。手臂摆至最高点时脚跟落地，应注意克服内外八字脚、扭臀、摆髋和甩前臂、甩手腕、勾脚趾等错误姿势，优美的步态有很高的审美价值。

2. 跑

上体挺直，头略上扬，跑时一腿落地后立即蹬直，在腾空阶段上体稍向摆动腿一侧移转动，臂伸直或屈时，肘关节弯曲不得小于90°或手臂自然下伸。要跑得轻松，富有弹性。

第二节　头、颈姿势

头部姿势的变化是能过颈部的运动实现的。颈椎的解剖学结构决定了头可以围绕额状轴、垂直轴和矢状轴运动，这是对头部动作进行规范的依据。头的各种位置均采用符号表示 X-后伸(抬头)；X-前屈(低头)；Y-旋转；Z-侧屈。Y 和 Z 结合时，运动方向相同则用 YZ 表示，不同时则用 YZ 表示。

1. 头的正常位置

正直，略收下颌，与站立的要求相同。

2. 头部运动变换的姿势

这类姿势共有 14 个，其中围绕单轴运动变换的姿势有 4 个，即 XXYZ。
围绕二或三个轴的综合运动变换的姿势共 10 个。

3. 头部运动的基本要求

(1) 头 X 和 Y 轴运动时，必须有颈部各关节的参与，应避免出现单纯头的摆动(从外观上看，下额的动作十分突出)。

(2) 头沿 Y 轴运动时，转头动作一般为 45°，应避免出现类似新疆舞的平动。

(3) 头的动作由一个方向向另一个方向过渡时通常有三种形式，即 X、Y、Z 结合的经前或经后绕；Z、Y 结合的想像中的“∞”字绕。

(4) 进行头部训练时务必结合眼的训练，掌握头部紧随眼动的规律，纠正转头动作中出现有偏离垂直轴的动作。

第三节　手的基本姿态

体操舞蹈中，手形的变化取决于手是屈还是直、哪些关节屈哪些关节不屈，以及屈伸的程度。此外，手形的变化还受着腕关节活动的制约，这些便是对手的动作进行规范的依据。

手是不太容易驾驭的，原因是下意识的紧张往往反映在手上。但手还有易于驾驭的，那是因为手放松时呈现出来的自然姿态本身就很美，而且这是手独有的，应加以利用。

手的屈与伸相比，屈尤其是微屈的手使用的机会较之伸直的手要多得多，因此，一定注意不要让手始终处于伸直状态。

一、手的自然姿态

手臂放松下垂或手臂举起，手腕放松，手放松下垂时的手形，以及伸腕时出现的半握拳手形，均为手的自然姿态或自然手形，分别称为自然弧形手及自然半握拳（图 5-1）。

图 5-1　手的自然姿态

二、手的基本姿势

1. 直手

由手心向下，五指并拢，手掌伸直开始，依次做如下动作即成：①大拇指稍向下、向内，使拇指在食指下方，虎口约为 20°角，拇指指甲面与食指外侧在一个垂直面上。②中指稍向下。③小指稍向外（图 5-2）。

2. 弧形手

它与自然弧形非常相似，其要求是从腕到指尖为一圆滑的弧线，手不紧张，依次做如下动作即成：①将一手臂举起，手腕放松，手自然下垂。②另一手贴住小指一侧并轻轻用力使其手心转向躯干，这样一手便置于另一手之上。接着对弧线的曲率及手指的摆放稍加调整（一般多是将曲率由小变大）。手指的摆如下：大拇指与食指平行，中指与无名指自然靠拢，食指、小指与相邻的手指相错并略有缝隙（图 5-3）。

图 5-2　直手

图 5-3　弧形手

注：曲率——数学上指表明曲线在其上某一点的弯曲程度的数值。曲率愈大，表示曲线的弯曲程度愈大。

反复体会自然弧形手有助于掌握直手和弧形手。

三、手腕运动时手形变化的基本要求

（1）腕屈手必成弧形：即腕凡有屈的动作，掌指关节及指关节亦应自然弯曲，使从腕到指尖形成一圆滑的弧线。

（2）手腕做屈伸运动时，手由自然弧形手过渡到自然半握拳。

（3）手围绕腕关节绕环时，指尖先行，手由弧形手过渡到直手。

（4）手腕屈伸，手同时做波浪动作时，手由自然弧形手过渡到自然半握拳。屈指手最后过渡到直手（图 5-4）。

图 5-4　手形变化

第四节　手臂的基本姿态

手臂是人体美很重要的部位，手臂姿势的变化实质上是手臂屈、直的变化和各关节屈伸程度的变换以及屈、伸与前臂旋前、旋后的结合。

一、手臂的基本姿势

手臂的臂形（基本姿势）有三种：直臂、钩形臂和弧形臂。

1. 直臂（用“|”表示）

肘、腕关节伸直，手屈或伸直，手腕略尺偏，亦即前臂侧与小指一侧有一自然的角度。当手伸直时要求手指略低于前臂的延长线，腕略突起，从腕到指尖形成一个向下的小小的弧线。手腕的尺偏和突起会使受手臂的线条显得更长，更优美，但若做得过分将适得其反（图 5-5）。

图 5-5　直臂

2. 钩形臂（用“ʃ”表示）

肘关节伸直，腕关节或屈或伸，且屈、伸均应适度。屈腕时手呈弧形，伸腕时手微屈，分别称屈腕钩形臂和伸腕钩形臂（图 5-6）。

图 5-6　钩形臂

3. 弧形臂（用“ɤ”表示）

肘关节弯曲，腕关节或屈或伸，从肩到指尖为一圆滑的弧线。手的要求与钩形臂相同，分别称屈腕弧形臂和伸腕弧形臂，弧形臂的曲率在动态中渐变的，在静态中也不尽相同（图 5-7①②）。

以上三种臂形都具备经常出现和不可缺少的属性。现在再介绍一种臂形，它常见于汉族、傣族等舞蹈中，取名为异向双弧形臂，简称蛇形臂，用符号“ʂ”表示。芭蕾舞中取名为小蛇形臂。通常出现弧线曲率较小的蛇形臂，却很少采用直臂（图 5-7③④）。

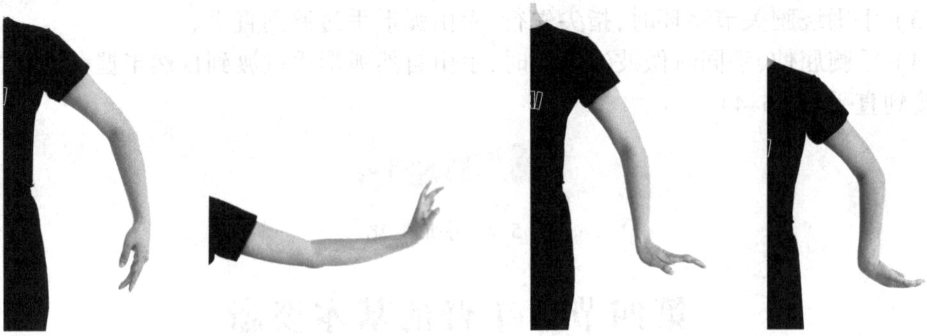

①　②　③　④

图 5-7　弧形臂

二、手臂的位置

手臂的位置有两大类,一类是直臂的位置,另一类是屈腕弧形臂的位置。直臂的位置包括基本位置(侧举、前举、上举和下位)、中间位置(侧上举、侧下举、侧上后举、侧下后举、前上举、前下举、前上外举、前下外举等)和两臂不对称的位置(一手前举,一手侧举;一手前举,一手前上举;一手侧举,一手前上举等)。屈腕弧形臂的位置包括基本位置(弧形前举、弧形侧举、弧形上举和准备位)和两臂不对称的位置(一手弧形上举,一手弧形前举;一手弧形上举,一手弧形侧举;一手弧形侧举,一手弧形前举等)。以下只对基本位置和某些常用的位置进行规范。

1. 侧举

两臂与肩平并稍向后展,手心向下(图 5-8)。

2. 前举

两臂与肩平,同肩宽,手心向下(图 5-9)。

图 5-8　侧举

图 5-9　前举

3. 下位

两臂自然下伸，与站立时手臂应取的位置相同。手微屈或伸直，手心还可向后，此时手应伸直。将下位作为一个位置确定下来是为了与任意下垂加以区别，有益于提高手臂的控制能力及表演时的自觉性。

4. 侧上举

两臂侧上举45°角，手心相对，从侧面看，露脸不露耳。大拇指应稍向外，以使手掌平展。手腕处不应有突起和尺偏（图5-10）。

手背相对的侧上举在体操舞蹈中一般是不采用的，但可在两臂不对称的某些造型中采用，如一臂侧上举，一臂侧举。

图5-10　侧上举

5. 侧上后举

两臂侧上举45°角并向后展，手心向下，手腕有明显的尺偏，指尖低于前臂的延长线。从正面应能看到整个手背。

以上为直臂的位置，以下为屈腕弧形臂的位置（图5-11）。

图5-11　屈腕弧形臂

6. 准备位

手心向上，肘的鹰嘴突部位（肘尖）向两侧，上臂不碰身体并有力地控制住。

7. 弧形前举

两臂从准备位举到低于肩的高度，上臂及手腕的肌肉有力地控制住，手与前臂保持同样高度，避免肘尖向下及手下垂。

8. 弧形侧举

两臂从弧形前举，向两侧打开。上臂略向前，肘尖向后，手心向前下方，上臂及手腕的肌肉有力地控制住,手与前臂保持同样高度,避免肘尖向下及手下垂(图5-12)。

9. 弧形上举

(因为体操舞蹈中不采用直臂的上举,故弧形二字可省略,下同)。肘关节微屈,腕关节几乎伸直,手心相对,手微屈,食指与中指上下的距离可稍大些,从侧面看,露脸不露耳。上举与芭蕾舞的三位手有较大的区别(图5-13)。

图5-12 弧形侧举

图5-13 弧形上举

以上四个屈腕弧形臂的基本位置中,弧形前举的曲率最大,上举的曲率最小。若一臂上举,另一臂前举或侧举,这时上举的手臂应多弯曲些,以使两臂互相呼应;单脚转体度数较多时,曲率自然会大些。

三、手臂运动的基本要求

1. 正确使用三种臂形

(1) 直臂的使用:有多种形式,为完成帮助起跳的技术性任务,最常用的运动路线是由侧举开始,接着向后绕,经下至前举、前上举、侧上后举等,简称基本路线;为连接助跑,其运动路线是由前举(或经前)经下至侧举,简称还原路线;小技巧动作前的预摆,如由侧举开始,经上(手心向前)接做前软翻,以及沿基本路线运动接做前滚翻等;某些快捷的动作,如箭步走。

(2) 钩形臂的使用:手臂在侧面的绕环;手臂在正面绕环的体侧部分,某些小跳和不太快的箭步走。

(3) 弧形臂的使用:实现由一种姿势向另一种姿势的过渡;完成帮助转体的技术性任务。多采用由侧举开始,经六位、七位至三位(借用芭蕾舞术语)的运动路线,简称转体路线。

钩形臂和弧形臂在运动中都应遵循指尖的指向与臂运动的方向相反的要求。

2. 正确选用手臂的位置

由直臂和屈腕弧形臂构成的位置多达几十个,除准备位、弧形侧举和弧形前举不适宜在表演中使用外,其余位置的使用率也存在着显著的差异,据此可大致将手臂的位置分为三类,即必须采用的位置、应慎重选用的位置和可以自由选用的位置。

(1) 必须采用的位置:只有一个,即侧举。它舒展、大方,并给人以稳定感,是诸多左右对称的造型中最惹人喜爱的。

(2) 应慎重选用的位置:是指前举、前下举和下位。前举和前下举从正面看两臂均未超出身体的投影范围,从侧面看使人感到不平衡,甚至烦躁。下位通常被作为表演开始前的准备动作,进入表演后手臂应积极地参与舞蹈。

(3) 可以自由选用的位置:除去应慎重选用的位置,其余均为可以自由选用的位置,其中包括由弧形臂组成的两臂不对称位置和由直臂组成的中间位置及两臂不对称位置等。

3. 多开(放)少合(收)

开与合的定义是:在动态中,两手左右的距离是增加的趋势为开,反之为合;在静态中,两手左右的距离超过肩宽为开,与肩同宽,或小于肩宽为合。开与合是相对而言、对立统一的,但开是主要的,因为开的动作能使人获得更大的审美愉悦。

"正确选用手臂的位置"和"多开少合"对合理编排动作有重要的意义。

四、手臂运动的练习方法

手臂的练习共包括六部分:①手的练习。②直臂的练习。③弧形臂的练习。④以钩形臂为主的练习。⑤前臂绕环。⑥波浪。

完成每一个练习都应善始善终,只有在消除预备姿势中的错误后方可开始练习,动作完成后应有正确的结束姿势,并且注意不让那些不该参加的肌肉参加工作。只有认真对待每一个练习,才能培养良好的姿势和习惯。

1. 手的练习

(1) 学习并掌握手的两种基本姿势——直手和弧形手。

(2) 直手的练习:两手握拳,两臂前举或侧举。第 1 ~ 3 拍手掌快速伸直成直手,第 4 拍还原。

(3) 自然手形的练习:准备姿势,两臂在胸前弯曲,手腕放松下垂。先伸腕成自然半握拳,接着还原,成自然弧形手。

(4) 手围绕腕关节绕环:准备姿势,两臂前下外举,手心向上。先做旋前绕,接着做旋后绕。

注意:绕环时指尖先行,由弧形手过渡到直手。

(5) 手掌依次屈伸:准备姿势,两手握拳前举。先伸直掌指关节,成屈指手;接着手掌伸直,成直手,然后屈手指,成屈指,再还原。

2. 直臂的练习

（1）学习侧举、侧上后举及下位：

1）连续完成由下位至侧举。用缓慢、均匀的速度完成，下落时可采用不同的力度以及紧张与完全放松地下落交替进行。

2）在跑动和跳动中练习侧举和下位。

（2）前后摆臂：先做两臂同时前后摆动，再做两臂不同方向的前后摆动。要求前摆时手心向下，后摆时手心向里，切忌手心向后，速度由慢到快。可结合箭步走做。

（3）学习向前挺身跳路线：即由侧至上，经前向后摆，接着向前摆至侧上后举，或一手前举、一手前上举等位置。速度先慢后快，以快为主。可模拟或结合向前挺身跳。

（4）学习基本路线：由侧举开始，向后绕经下至前举、前上举、上举、侧上后举等位置，接着沿还原路线至侧举。用不同的速度完成。可结合前滚翻、侧手翻等小技巧动作，也可模拟或结合原地挺身跳、跨步跳等，还可结合高低杠跳起长振出浪，以及从平衡木或山羊等器械上做各种跳下动作，如挺向跳下、分腿跳下、转体180°或360°跳下等。

注意：凡是沿基本路线运动、手臂由侧向后绕时，上臂不应有旋内动作；沿基本路线快速运动欲终止在侧上后举，必须经过短暂的手心相对的侧上举，尔后急速翻掌成侧上后举。做原地挺身跳时亦应如此。

3. 弧形臂的练习

（1）屈腕弧形臂的练习：上臂的肌肉用力，带动前臂和手向上，同时要求中指触及大腿，使从肩到指尖形成一条圆滑的弧线。尔后中指顺着大腿有控制地滑下，手臂渐渐还原至下位。

（2）前后摆臂：先做两臂同时前后摆动，再做两臂不同方向的前后摆动。

（3）两臂上下摆动：这个练习可在体前或体侧进行，两臂运动方向也可不同。要求上臂保持必要的紧张。屈、伸腕弧形臂转换时上臂先行，切忌手先行，指尖的指向终与臂部运动的方向相反。由屈腕弧形臂转换成伸腕弧形臂，当手臂开始下落时，注意上臂不要落得过快。

要求：学习跪地拖拉。准备姿势，跪坐，体前屈，两臂弯曲，手掌平放在地（动作开始后只允许手指末节触地）。准备拍的后两拍向后拖拉，接着由后向前拖拉，上臂先行并保持必要的紧张，上臂勿向两侧张开，中指及无名指指甲触地，臂尽量向前伸，但肘关节不应完全伸直，手指末节也始终不离地。尔后手臂有控制地向后拖拉，中指及大拇指的末节触地，臂尽量向后伸，但肘关节不应完全伸直，手指末节也始终不离地。柔和地、缓慢地连续做几十次，两臂靠近体侧，在一条直线上往返。

练习时，两臂动作的方向可以不同，也可以变换节奏，如第1至第2拍左臂向前，右臂向后，第3拍右臂向前，左臂向后，第4拍左臂向前，右臂向后。

注意：肩与地面的距离保持不变，这有益于掌握手臂曲率的变化。

（4）学习屈腕弧开臂的基本位置。即准备位、弧形前举、弧形侧举和上举。

教法：

1）将手臂弯曲成弧形放在桌上，尔后离开，并保持原来的姿势。手臂的曲率可以有变化。

2）学习上举需分两个步骤，首先做手心相对的前举，并按照上举的要求调整好手臂的曲率，接着保持这一姿势至不举照上举。

（5）学习由一种姿势过渡到另一种姿势。

1）连续做侧→下→前→下。

2）连续做准（准备位）→前→侧→前→准。

3）连续做侧→下→前→侧。由前向侧过渡时应当先将手心转向上，成手心向上的屈腕弧形臂，当即将至侧时，将手心转向下，接着上臂稍向上运动，经小蛇形臂的过程，再接做下一次。

4）由上举经伸腕弧形臂至侧举。动作的开始阶段应强调前臂旋后和伸腕，以避免出现屈腕蛇形臂的过程。可采用不同的力度和停法来完成，还可结合原地跳起两腿依次落地成弓箭步。

5）由上举经屈腕弧形臂过渡到侧举。要求上臂落至低于肩时不停顿地做转腕动作，同时两臂稍向后展，使之符合侧举的规范。先采用端停，后采用缓停，这样易于掌握转腕动作。

6）连续做准→前→上→侧。经上向侧过渡时既要练习向伸腕弧形臂过渡，也要练习向屈腕弧形臂过渡。采用屈腕弧形臂过渡时，当上臂落至低于侧举约30°时应开始做转腕动作，将手心转向下，接着上臂稍向上运动，经小蛇形臂的过程再接做正面的动作。

（6）学习转体路线：速度先慢后快，可模拟或结合转体动作，一臂经前时，身体应向正前方，这有益于转体时身体重心的稳定。

4. 以钩形臂为主的练习

以下练习中有时会出现弧形臂，必要时将给予说明。

（1）前后摆臂：先做两臂同时前后摆动，再做两臂不同方向的前后摆动。结合中速的箭步走。

（2）由侧举过渡到上举。

（3）学习手臂在侧面的绕环（向仰泳或自由泳运动方向绕）。

（4）学习手臂在正面的绕环（以右臂为准，顺时针或逆时针绕）。

注意：在绕环过程中不论腕关节由屈转变为伸，或由伸转变为屈，均应在上臂出现旋外或旋内动作时才开始渐渐转变。一般容易出现提前转变的错误。

手臂在侧面和正面的绕环可采用以下方式完成。

1）从不同的姿势开始。

2）两臂动作方向相同或不同。

3）两臂同时或不同时。

4）等速或不等速（有加速）。

5. 前臂绕环动作

练习包括两个部分。第一部分是开始姿势与结束姿势相同的练习,可在各种位置上进行,两臂对称或不对称;第二部分是开始姿势与结束姿势不同的练习。前臂旋后绕终止时可结合顿挫程度不同的骤停。

首先学习两臂前举,两手并拢的前臂绕环。准备动作手心向上,先做前臂旋前绕,要求指尖先行,接着屈腕、屈肘,绕环过程中应有中指尖向躯干的过程,动作结束时为手心向下的前举,两手仍靠拢。紧接着前臂旋后绕,要求同上。

6. 波浪动作

波浪形动作的原则是:参加运动的若干关节有的弯曲,有的伸直,而且这种弯曲和伸直动作是同时进行的。当一个关节还弯曲着时,另一个关节却已开始伸直,波浪形成动作的"浪峰"是逐渐移动着的,从一个关节移到另一个关节。

手臂的波浪可分为两个阶段,第一阶段为向心运动,屈肘、屈腕、手放松下垂。第二阶段为离心运动,当肘关节即将开始做伸的动作时,手腕由屈变为伸,手由弧形手过渡到半握拳,接着肘关节继续做伸的动作,手由半握拳过渡到伸腕屈指手,在肘关节伸的过程中手指渐渐伸直。肘关节完成伸直,亦即动作结束时,手腕与前臂仍有一定的角度,直至下一次动作开始时手腕才开始屈。

按照上述要求练习开始姿势与结束姿势相同或不同的波浪动作。

注意:不要耸肩,前臂和手腕的肌肉不要过分紧张,动作要连贯。

【教学要求】 手臂的训练应从手开始,即使进入其他内容的训练时仍须时时注意手的形状,做到手形能够自如地随着臂形和动作的变化而变化。

必须重视弧形臂的训练。因为弧形臂在表演时使用率极高,而且较其他臂形难于掌握;手臂的动态美在很大程度上取决于能否正确的掌握弧形臂,它是"曲线最美"这一美学理论在手臂的具体体现。

练习弧形臂时应抓住两头,一头是上臂,要求上臂肌肉紧张,由上臂带动前臂;一头是手,要求手自然,不紧张。

注意控制运动中弧线曲率的变化。

第五节 躯干的基本姿势

躯干姿势变化是通过腰部的运动来实现的,腰是连接上体和下肢的枢纽。上体动作的定位方法及所采用的符号均与头部相同,只是名称不同,其围绕二或三个轴的综合动作的姿势称体式。躯干的曲线对人体的体型是至关重要的。

一、躯干的正常位置

挺直,与站立时的要求相同。

二、上体运动变换的位置

这类位置共有 14 个,其中围绕单轴运动变换的位置 4 个,即体后屈、全前屈(主要以髋关节为轴)、体转和体侧屈;围绕二或三个轴的综合运动变换的位置 10 个,它们包括在以下四种体式中。

一式(XY):包括 XY 和 XY,分别称后一式和前一式。

二式(YZ):包括 YZ 和 YZ,分别称同二式和异二式。

三式(XYZ):包括 XYZ、XYZ 以及 XYZ、XYZ,分别称后同三式、前同三式以及后异三式、前异三式。

四式(XZ):包括 XZ 和 XZ,分别称后四式和前四式。

三、腰部运动的基本要求

1. 锁住腰部

躯干是人体的主体,腰是连接上体和下肢的枢纽,它是躯干中最为灵活的部分。为使躯干成为一个整体,必须锁住腰部,也就是说腰背肌肉必须保持较高的紧张程度。一个稳定、有力的躯干有利于力的传递,有利于保持身体的平衡和塑造挺拔的姿势。

2. 动始于腰,静亦始于腰

动始于腰是说在姿势变化的过程中,躯干(主要指上体)姿势的变化应稍稍领先于头和四肢,或者说,头和四肢的动作应随腰而动,它们是躯干动作的延伸。一个会动的腰能使身体的曲线得以充分的展现,使动作达到应有的幅度,所以就有了"身展一寸、手长一尺"的说法。静亦始于腰是说躯干的动作应结束在头和手臂动作之前,或者说,头和手臂的动作到位之后躯干不得再有任何动作。

3. 上体的动作由一个方向向另一个方向过渡时通常采用以下三种形式

(1) X、Y、Z 结合的经前或经后绕。

(2) Z、Y 结合的同向绕。

(3)Z、Y 结合的异向绕。

4. 上体绕环运动

这是三个轴均需参加运动的动作。经侧向后绕时髋部逐渐向前移,同时一臂迅速绕至另一侧。

易犯错误:转体和转头动作过于主动,幅度过大。

纠正方法:主动侧屈,并加大侧屈的幅度。

5. 下桥还原

先分解做,第 1 拍体后屈,两臂侧举,第 2 拍两手撑地成桥形,第 3 拍将重心移至腿上,同时两臂迅速至侧举,第 4 拍用力还原,然后进行完整的练习。从桥形还原至分腿站立可采用快、慢两种方法,但不论采用哪种方法,最重要的是要求腹部和背部肌肉保持高度的紧张,好像克服很大的阻力那样,还要屏气并有意加大腹压。这个练习对增强腰部的力量、防止腰部受伤有积极的作用。

6. 前波浪

由半蹲弓身开始,然后渐渐伸直腿,同时髋部逐渐向前移,波浪的主体在腰椎、胸椎完成,最后肩胛靠拢,抬头,以手臂动作结束。在做挺腰动作时,上体和头部要前屈,并一直保持到挺胸动作开始,应使动作幅度尽量大。

7. 后波浪

与前波浪相反,由站立开始,接着塌腰、挺胸、抬头,同时屈膝至弓身半蹲。

掌握了身体的前波浪、后波浪之后,就可以把两个波浪连起来做。均先扶把(双手或单手),后离把。

前波浪和后波浪的教法:

(1) 跪撑塌腰、挺胸、抬头和含胸、弓背、低头交替练习。

(2) 跪坐躯干波浪:无论挺身或弓背动作均应从腰开始。

(3) 由跪立开始做躯干波浪。

(4) 经支撑的波浪:无论向前做或向后做,均应使胸部尽早着地。

(5) 仰卧上体后屈:先上挺腰、胸,同时抬头,两腿伸直或屈膝,停止片刻,接着还原。还原时渐渐收下颏。这个动作还可以站立靠墙做,要求腰、胸向前挺时,头及臂部紧贴墙。

8. 侧波浪

身体直立,右脚在侧地、上体开始向右侧屈,接着支撑腿弯曲,同时上体更多地侧屈,在腿向右移动重心的过程中,膝、髋、胸逐渐向右移动,动作结束时身体直立,左脚在侧点地。向另一个方向做同样的动作。先扶把,后离把。

做各种波浪动作时可以并腿,也可以分腿(前后或左右)完成。分腿完成时,要求身体重心从一只脚转移到另一只脚。

要特别注意动作的连贯性,而且还要注意同时进行的各种动作(如某一关节还在继续弯曲,而另一个关节已经完全伸直)是否结合得正确,例如膝部还弯曲着,而腰部却已伸直了。

【教学要求】 由于上体和头的关系极为亲切,上体一动头必然跟着动,而且同一种上体的动作可选配几种头的动作。例如上体侧屈时,头既可向同一方向侧屈,也可向另一个方面侧屈,还可选配同二型等。因此,在进行训练时对头的动作应有明确的规定,不可随意,若手臂参与动作,则要注意正确地选用臂形,从而使参与动作的身体各部分的姿势均准确无误。

第六节 腿脚的基本姿势

腿部的动作是按照体操的特点给予规范的，对大腿的要求是适度的外旋。

一、腿的基本姿势

大腿外旋，膝踝关节用力伸直，脚趾向掌心方向用力，简称开、绷直。此外，还要使脚稍外展。正确的腿部姿势是体操运动最基本的美学特征。

二、脚的正常位置

脚跟并拢，脚尖略分开，两脚之间的夹角为15°~20°角。

三、常用的脚的位置

脚的位置有四个，即自由的Ⅰ位、Ⅱ位和Ⅲ位，以及直的Ⅳ位。

注：两脚之间的夹角大于正常位、小于180°角均为自由位。训练时通常要求尽可能达到150°角。

1. Ⅰ位

在两脚完成并拢的基础上，使脚尖分开（图5-14）。

2. Ⅱ位

在Ⅰ位的基础上加做两腿左右分开，两脚之间的距离相当于一只脚的长度（图5-15）。

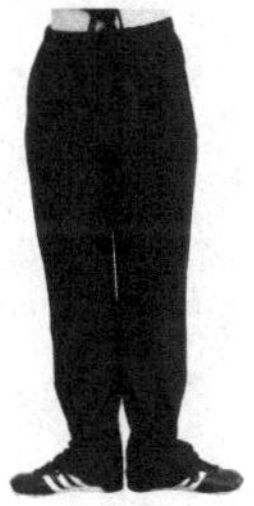

图5-14 脚Ⅰ位

图5-15 脚Ⅱ位

3. Ⅲ位

在Ⅱ位的基础上收至Ⅲ位，一脚的脚跟位于另一脚的中部（图5-16）。

4. Ⅳ位

两脚完全并拢(图5-17)。

图5-16 脚Ⅲ位

图5-17 脚Ⅳ位

四、常用的腿部运动变换的姿势

1. 支撑腿伸直(或提踵),自由腿亦伸直

(1) 自由腿在前、侧、后点地。前点地时,大趾、二趾、三趾触地;侧点地时,尽量使二趾、三趾触地;后点地时,大趾内侧触地(图5-18①)。

(2) 自由腿前举、侧举、后举。腿的高度不限。如15°角、25°角、45°角、90°角、135°角等,不一一附图(图5-18②)。下同。

①

②

图5-18 腿部运动

2. 支撑腿半蹲,自由腿伸直

(1) 自由腿在前、侧、后点地。
(2) 自由腿前举、侧举、后举。

3. 支撑腿伸直(或提踵),自由腿屈膝

(1) 屈膝前举。屈膝前举包括:脚触膝,大腿与小腿、躯干均成90°角,大腿略外旋,膝关节成135°~145°角。

(2) 屈膝侧举(图5-19①)

1）脚触踝：置于支撑腿前或后。置于支撑腿后面时，要求脚略外展。

2）脚触膝：置于支撑腿前面时，要求小趾贴在髋骨内侧下缘。置于支撑腿后面时要求大趾贴腘窝处 。

(3) 屈膝后举(图 5-19②)

1）两膝并拢，屈膝 90°角。

2）大腿外旋，膝关节成 135° ~ 145°角。

① ②

图 5-19 腿屈膝侧举如上举

4. 弓箭步

弓箭步包括前、后弓箭步和侧弓箭步，要求身体重心较多地落在弯曲的腿上。

五、腿部运动的基本要求

(1) 支撑腿：由提踵站立至半蹲，或由半蹲至提踵站立，应经过伸埋膝关节的过程，即下蹲时先放下脚跟，紧接着屈膝；起立时先伸直膝关节，紧接着提踵。

(2) 自由腿：为保持大腿外旋，由前向后做动作时，意念中（下同）脚尖先行，由后向前做动作时，脚跟先行。由屈至伸，向前做时小腿先行，向后做时大腿先行。由前举屈膝收回时，大腿先行，由后举屈膝收回时，小腿先行。

(3) 下蹲时髌骨与脚尖的方向必须一致，以避免膝关节受伤。

(4) 起跳时脚一离开地面，踝、膝关节即已伸直，落地时，脚尖最早接触地面。

(5) 屈膝角度应是明显的，微屈属姿势性错误。

(6) 重心由一腿转移到另一腿的迈移共有五种形式，每一种形式的移动都可以向前、向侧、向后。

六、腿脚姿势的练习方法

腿部的练习共包括四个部分，即增强力量的练习、强化正常位的练习、移动重心的练习和步法。

1. 增强力量的练习

腿部没有一定的力量是难以伸直举起的,考虑到体操的特点,为了尽快使腿伸直,需要做不同体位的练习。进行以下练习时务必注意到其他细节,如手、头等的姿势是否正确。

(1) 取坐姿的练习

1) 绷腿:准备姿势手臂伸直,两手在体后撑地,两手距离与肩同宽,手指尖向后(下同,但手与身体的距离可根据动作进行调整)。第1至第3拍两腿并拢,用力伸直。第4拍两腿完全放松(图5-20①)。

图 5-20

2) 勾绷:先用力勾脚,接着用力绷脚。两脚同时做或两脚轮流做(图5-20②③)。

注意:勿勾脚趾。

3) 脚外展:第1至第3拍脚跟并拢,脚尖尽力分开,第4拍还原至脚尖并拢。

4) 举腿:一腿用力伸直举起,接着有控制地还原;另一腿做同样的动作(图5-20④)。或者第1拍至第2拍腿用力伸直举起,第3至第4拍大腿用力旋外,第5至第6拍大腿旋还原,第7至第8拍控制地还原。

5) 屈伸:屈膝、脚尖点地,尔后该腿用力伸直举起,接着有控制地还原(图5-21①②)。此练习还可采用两腿依次或同时屈伸的形式完成(图5-21③④⑤)。

图 5-21

（2）从仰卧姿势开始的练习

1）举腿并结合旋外（图 5-22）。

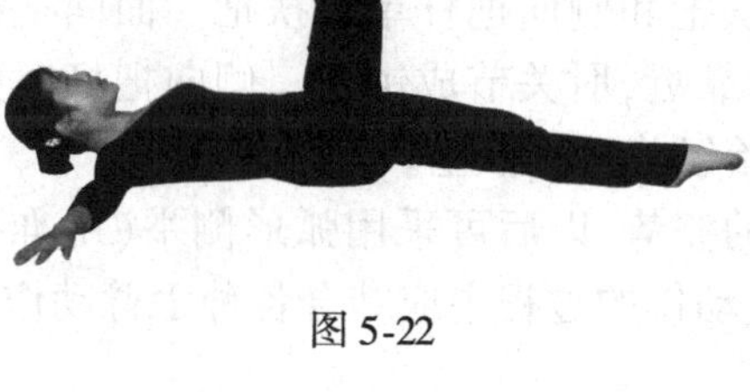
图 5-22

图 5-23

2）V 字平衡：收腹，同时起上体，手握踝，尔后两臂侧举，停止不动，接着还原。还原时要求背部和脚同时着地（图 5-23）。

3）仰卧，腿上下和左右快速摆动：要求摆动若干次后急停，同时两腿并拢，停止片刻，反复做若干次（图 5-24①②③）。可在收腹成弓形的势上完成同样的动作。

（3）从俯卧姿势开始的练习

1）挺身：背部肌肉用力，身体成反弓形，持续若干秒，接着放松。

2）腿上下和左右快速摆动（图 5-25）。

①

②

③

图 5-24

图 5-25

（4）取站立姿势、利用把杆的练习

扶把杆的方法一般有两种，即面向把杆双手扶把和侧向把杆单手扶把。面向把杆时要求两手与肩同宽，手轻握把杆，注意拇指与食指靠近，肘关节成钝角。侧向把杆时要求手扶在身体稍前处，其他要求同上。另一手在开始经前自然下垂。

初学者练习单手扶把杆时，另一手可取叉腰的姿势，以后可采用弧形侧举（由准备位经前至弧形侧举）。随着训练和度的提高，在完成动作的过程中应结合各种手臂动作。

1）Ⅵ位提踵：要求慢起慢落，速度均匀，提踵充分，以跖趾关节为支点，受力中心点在大趾和二趾之间，脚趾舒展，腿和脚用力并拢，臀部收紧，后背锁住。由提踵落至脚掌平放在地时，身体重心应保持在前脚掌。可结合半蹲提踵，即第 1 拍半蹲，第 2 拍在半蹲的基础上加做提踵，第 3 拍提踵站立，第 4 拍还原，第 5 拍提踵站立，第 6 拍提踵半蹲，第 7 拍在提踵半蹲的基础上放下脚跟，第 8 拍还原至站立。

2）Ⅰ位提踵：要求同上。

3）擦地：Ⅰ位或Ⅲ位站立，出腿时人脚掌擦地，逐渐使脚跟离地，最后至脚尖点地，用力绷脚。腿收回时应有前脚掌着地和全脚平放在地的擦地过程。

易犯错误：向前擦地时肩和髋部易转向支撑腿。向侧擦地时髋部易左右移动，肩和髋部易转向自由腿。向后擦地时大腿不能保持外旋，腿收回时脚的外侧不能及时着地，肩和髋部易转向自由腿。支撑腿不够直。

擦地时易犯的错误也会在踢腿和举腿中出现，以后不再一一重复。

4）小踢腿：与擦地的不同之处是脚尖离开地面，并急停在 25°角。

5）屈伸：准备动作脚向侧擦出点地，接着支撑腿半蹲，另腿收至小腿前，尔后两腿同时逐渐伸直，支撑腿完全伸直时，自由腿正好伸直点地。三个方向的动作连在一起做。该练习可结合提踵，这时自由腿举至 45°角或 90°角。

注意：小腿向前、侧、后伸时，大腿应固定。

6）举腿：经擦地，腿向前、侧、后慢慢举起，速度均匀。前、侧腿举至 90°角或更高，举后腿时上体稍前倾，尽量高举。之后停止若干拍，再有控制地落下，经点地擦地还原。

注意：支撑腿不得弯曲。

7）大踢腿：向前、侧、后踢腿。经擦地再尽量高踢，接着经脚尖点地擦地还原。向后踢时上体稍向前倾或较多地前倾。

注意：支撑腿不得弯曲。

8）单脚提踵：准备动作Ⅰ位或Ⅲ位站立。准备拍脚向后擦出，接着收至小腿后面。第 1 ~ 2 拍提踵，第 3 ~ 4 拍还原。要求慢起慢落。

注意：身体重心不要偏向小趾一侧，受力中心点在拇趾和二趾之间。

9）弹动式单脚提踵：与单脚提踵不同的是需经膝部微屈再急速提踵，并停止片刻。

10）双跳单落：准备动作正常位站立，跳起在空中两腿并拢，落地时一腿前（或侧、后）举。起跳和落地时都应强调正确的半蹲，落地要轻。

2. 强化正常位的练习

脚是与地面直接接触的支撑器官，脚的摆放与动作的稳定性有密切的关系，正常位既符合体操的审美习惯，又有利于动作的稳定。强化正常位能有效地防止和纠正脚尖向内的错误。

（1）正常位站立，接着两腿轮流举起，姿势任意。

（2）使用队列练习中的向左（右）转 90°角、180°角，还原至正常位后立即将一腿（同侧或异侧）举起。自由腿姿势任意，如成前、侧、后举的垂直平衡。应以举后腿的垂直平衡为主。

（3）在行进或跑动中，听到口令后立即做各种平衡动作。

（4）原地并腿跳之后接做平衡动作。

（5）原地跳起转体 90°角、180°角、360°角……落地后立即接平衡动作。

（6）原地跳起，两脚同时落地成弓箭步，再跳起还原至正常位，连续做若干次，一次左腿在前，一次右腿在前。

（7）原地跳起，两脚依次落地成弓箭步，接着将重心向前或向后移，自由腿迅速举起成举后腿的垂直平衡。之后在平衡木上做。

（8）Ⅲ位提踵站立，向左（右）转体 180°角，最后一次接做举后腿的垂直平衡或燕式平衡。

（9）Ⅲ位提踵站立，连续完成经半蹲或全蹲跳转 180°角，最后一次接做举后腿的垂直平衡或燕式平衡。之后在平衡木上做。

（10）脚尖角踝或触膝转体 180°，直接接做燕式平衡。

（11）前后分腿倒立，落下接做举后腿的垂直平衡或燕式平衡。

3. 移动重心的练习

练习的目的是为弄清在移动重心的过程中腿部屈伸的变化，从而避免屈直不当的错误。其中一些练习具有模拟步法的性质，可将它们作为步法练习前的辅助手段。

以下练习均在利用把杆的条件下完成，扶把杆的手应随着身体移动。

（1）直～直迈移：准备动作 Ⅲ 位站立，左手扶把（下同）。第 1 拍右腿前举，第 2 拍重心前移，经脚尖点地至脚掌平放在地，重心完全移至右腿后左脚在后点地，第 3 拍向后移动重心，右腿举起，第 4 拍经脚尖点地擦地收回。

（2）屈～直迈移：与练习（1）的不同之处是第 1 和第 3 拍要屈膝。

（3）屈～屈水平移动：第 1 拍左腿半蹲，第 2 拍重心迅速前移至右腿半蹲，同时左脚在后点地，第 3 拍重心迅速后移至左腿半蹲，同时右脚在前点地，第 4 拍还原。双手扶把向左右做同样的动作。

注意：半蹲水平移动时身体的高度不变。

（4）波浪步：准备拍的最后半拍右腿向前擦出。先向前移动重心，要求左腿弯曲，同进右脚沿地面向前滑出，紧接着右腿弯曲，在两腿同时弯曲的过程中继续向前移动重心，两腿依次伸直，左腿伸直稍先于右腿，动作结束时左脚在后点地，接着向后移动重心，要求右腿屈膝，同时左脚向后滑出，紧接着左腿弯曲，在两腿同时弯曲的过程中继续向后移动重心，两腿依次伸直，右腿伸直稍先于左腿，动作结束时右脚在前点地。连续完成若干次，身体应有明显的起伏，若手臂参与动作，运动路线为侧→下→前→下→侧，臂形为弧形臂。双手扶把向左右做同样的动作。

注意：向前移动重心时，后面的腿勿过早伸直；向后移动重心时，前面的腿勿过早伸直。

（5）滚动步：准备动作 Ⅵ 位提踵站立。脚掌滚动时应有控制，好像在克服一种无形的引力。脚跟落地后，重心仍在前脚掌。动作由慢到快，频率成倍增加。要做得柔和并富有弹性。

（6）弓步滚动步：Ⅲ 位站立，准备拍的后两拍两腿半蹲，接着左腿向前擦出。第 1、2 拍右腿伸直、提踵，同时重心前移，接着左腿做一滚动步至该腿半蹲，第 3～4 拍左腿伸直、提踵，同时重心后移，接着右腿做一滚动步至该腿半蹲。连续完成若干次，要求动作连贯、柔和，身体有明显的起伏，双手扶把向左右做同样的动作。

（7）提踵交替支撑：准备动作 Ⅵ 位提踵站立。两脚交替做勾脚动作，使脚离开地面，脚跟并拢，动作由慢到快，频率成倍增加。这个动作还可采用其他形式，如两腿交替前举或侧举，或一腿前举与一腿后举交替进行等。

注意：两脚不应有同时支撑的过程，身体不应晃动、颤动。

（8）高低步：准备动作Ⅲ位提踵站立，第 1 拍右腿稍前举，接着靠近支撑腿做一滚动步，滚动结束时该腿的膝部稍屈，另一腿脚角踝、脚尖稍稍离开地面。第 2 拍左腿提踵站立，右腿伸直，脚尖稍稍离开地面。

（9）华尔兹步：准备动作双手扶把，Ⅲ位提踵站立，准备拍的最后一拍右腿向侧举起，第 1 ~ 2 拍右腿向侧一小步做一个高低步，第三拍在Ⅲ位上交换一下重心，同时左腿向侧举起，接着向左侧做同样的动作。可逐步增加头和身体的动作。

（10）半蹲前后蹭地移动：左腿向前蹭地移动，同时右腿向后摆，接着左腿向后蹭地移动，同时右腿向前摆，连续完成若干次。

注意：勿向上跳，身体不应有起伏。移动距离应逐渐加大。

4. 步法

（1）柔软步：大腿旋外，落地前脚背应绷直，脚尖先着地，摆臂幅度与普通走步要求相同。手背亦可朝前，摆臂时手腕始终伸直。要走得自然而不紧张，从容而不上下颤动。

（2）突进步：一脚向前走一步，另一脚随即前移，膝部弯曲，脚尖点地，小腿和支撑腿平行。要快速而断续地行进。

（3）高提膝步：每一步都要把前跨的一腿提至 90°。大腿与躯干、大腿与小腿均呈 90°角。

（4）滚动步：在原地滚动步的基础上向前移动，走时先用脚尖着地，然后滚动到全脚掌着地，当脚掌滚动时，两膝稍微弯曲，一腿前移的时候支撑腿要伸直。要走得缓慢而稳重。

（5）学习柔软的跑步、突进的跑步、高提膝的跑步及滚动的跑步，要求与同类型的走步相似，所不同的是略有腾空。

（6）半蹲走：用前脚掌行走，身体不要上下起伏。

（7）脚尖走：腿伸直，充分提踵，走得平稳。

易犯错误：膝部弯曲，上下颤动，重心过分前倾。

纠正方法：用较缓慢的速度行走，并将自由腿举至 45°角、90°角。

（8）变换步：由三步结合而成，第三步占用两拍。第二步脚应放在另一脚的后面。第一和第三步可采用柔软步，也可前两步采用脚尖步。第三步也可提踵或半蹲，另一腿后举。该动作可后退，还可向侧。向侧做时第三步身体应转向 45°角。

注意：若手臂参与动作，一臂应采用由侧举向后绕经下至前的运动路线，接着经下还原至侧举，臂形为钩形臂，另一手臂侧举。

（9）弹动步：走法和脚掌滚动步相似，只是它的步幅较短，富有弹性，而且还要急速地提踵，使身体上下起伏。在单脚支撑阶段，身体直立，并停止片刻。弹动步是跳步起跳动作的基础。

(10) 大步走:用箭步方式行走。

(11) 华尔兹步:由三步结合而成。第一步要走得柔软,先用脚尖着地,然后全脚掌着地,该腿的膝部微屈。第二、三步用脚尖行走,要走得均匀而连贯,可以前进,也可以后退,甚至还可以在原地做。华尔兹步的第三步两脚也可并拢。

(12) 跑跳步:要求与高提膝步相似,只是轻轻一跳。

(13) 波尔卡步:由三步结合而成,第三步占用两拍。先做一节前跳,接着第一、二步用脚尖走,经Ⅲ位提踵站立,第三步由脚尖过渡到全脚掌着地,该腿的膝部微屈,接着轻轻一跳,同进另一腿经屈向前伸出。

(14) 加洛泼步:类似用脚尖走的并步,不过脚并拢的动作要做得短促,并要轻轻击另一腿,同时轻轻一跳,在跳起时膝关节和踝关节都要伸直,常用它连接跳步。加洛泼步也可向侧或向后做。

(15) 大步跑:与轻松的跑步不同的是步幅更大,腾空时间更长,一腿落地后立即蹬直向上跳起,腾空时上体挺直,一腿伸直。

【教学要求】

(1) 进行增强力量的地面练习时,应注意头部及上体的姿势,勿耸肩、伸颈,表情平静。

(2) 利用把杆进行增强力量的练习时,要保持正确的站立姿势,做踢腿或举腿等动作时不仅要注意自由腿的完全伸直,还要注意支撑腿的完全伸直。完成各种练习时,应逐步结合支撑腿的半蹲和提踵。结合的方法有两种,一种是在自由腿动作完成之后;另一种是与自由腿动作同时进行。总之,自由腿和支撑腿的训练同等重要,所以,应使它们都得到锻炼。

(3) 跳包括起和落两部分,从练习最简单跳步开始就应十分重视落地动作的轻柔。

(4) 进行强化正常位的练习时,要求脚的摆放一次到位,不需挪动即可接做任何形式的平衡动作。

(5) 在移动重心的练习和步法练习中都应十分注意体会由前脚掌着地过渡到全脚掌平放在地这一用力过程的肌肉感觉,务必做到脚一离开地面,膝、踝关节即已伸直,以及腿下落时脚尖最早接触地面。

(6) 手臂不参与动作时可保持叉腰或侧举姿势,需要参与动作时,应正确地选用臂形。

第六章　健美操类形体训练

第一节　健美操的基本动作要素

健美操的基本动作来源于基本体操和舞蹈的部分素材，在健美操运动的不断发展中，健美操的基本动作也逐步得到完善。学习和了解健美操美基本动作要素，对于认识健美的基本内容，学习健美操基本组合，熟悉健美操特点和要求有一定的帮助。健美操基本动作要素包括健美操上肢基本动作要素、健美操下肢基本动作要素和健美操躯干基本动作要素。

一、健美操上肢基本动作要素

1. 健美操手的基本形状（图 6-1）

（1）并掌：五指伸直并互相并拢，这是健美操的基本手形。

（2）分掌：五指用力分开并伸直。

（3）拳：五指弯曲握紧，大拇指压在手指弯曲部位。

（4）花掌：五指尽量分开，小拇指与大拇指稍并拢。

（5）一指式：食指伸直，其余四指握紧。

（6）二指式：大拇指与食指伸直，其余三指握紧。

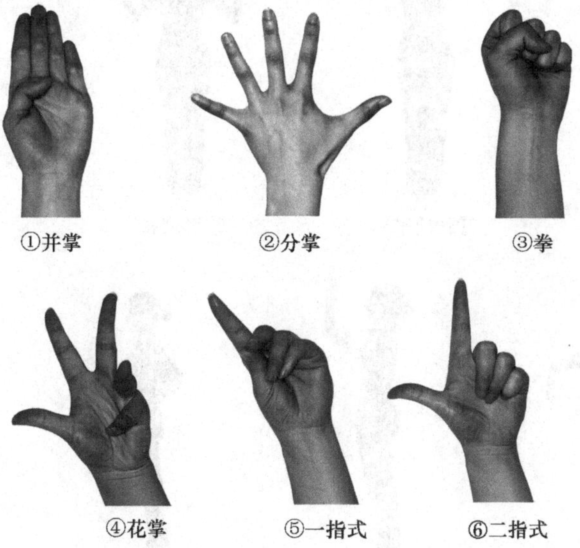

图 6-1　手的基本形状

2. 健美操手臂的基本位置(图6-2)

图6-2 手臂的基本位置

3. 健美操手臂的基本动作

健美操手臂动作是由屈、举、伸、绕环等动作组成的。

（1）举：包括前举、上举、下举、前上举、前下举、后下举、侧平举、侧上举、侧下举。

动作做法：以肩关节为轴，手臂活动的范围不超过180°。

（2）屈和伸：包括胸前屈、胸前平屈、肩侧屈、肩侧上屈、肩侧下屈、胸前上屈、叉腰。

动作做法：肩关节和肘关节从弯到伸直或从伸直到弯曲的动作。

（3）绕：包括向左、向右、向内、向外绕，可相同方向也可不同方向，同时或者依次做动作。

动作做法：两臂或单臂向前、后、内、外做180°以上、360°以下的弧形运动。

（4）绕环：包括向前、向后、向左、向右、向内、向外的绕环动作。

动作做法：以肩点节为轴，做单臂或双臂的圆形运动。

二、健美操下肢基本动作要素

1. 健美操脚与腿的基本位置（图6-3）

⑩半蹲　⑪全蹲　⑫跪　⑬跪立

图 6-3　脚的基本位置

2. 健美操基本步伐

健美操的基本步伐练习是健美操训练的主要练习手段之一,在进行步伐练习时,要求膝关节和踝关节松弛和协调,并富有节奏和弹性,这样才能良好地体会健美操的特点和风格。

健美操的主要步伐有以下七种:

(1) 踏步:踏步是健美操的最基本步伐,踏步时要求膝盖向前抬起,大约离地面 15cm 左右,踝关节自然下垂,身体保持正直,两臂前后摆动。踏步练习可以有原地踏步,踏步向左、向右、前、后移动,踏步转体,侧点步,侧并步,交叉步,V 字步,Membo 步等变化。

(2) 吸腿跳:吸腿跳要求主力腿有弹性,有节类地跳跃,动力腿大腿向上抬直水平,踝关节自然下垂,身体保持正直。吸腿跳练习可以有向前吸腿跳、向侧吸腿跳转体,吸腿跳向左、右、前、后移动等变化。

(3) 踢腿跳:要求主力腿有弹性,有节奏地跳跃,摆动腿直膝向上摆跳,身体保持正直踢腿跳练习可以有向前踢腿跳、向后踢腿跳、向侧踢腿跳、踢腿跳转体等变化。

(4) 后踢腿跳:后踢腿跳要求主力腿有弹性。有节奏地跳跃,后踢腿跳脚面绷直,小腿尽量向大腿折叠,身体保持正直,后踢腿练习可以有原地后踢腿跳,后踢腿向左、右、前、后移动,后踢腿跳转体等变化。

(5) 弹踢腿跳:弹踢腿跳要求主力腿有弹性、有节奏地跳跃,摆动腿经屈膝向上踢出,脚尖绷直,身体保持正直,弹踢腿跳有向后弹踢腿跳、向侧弹踢腿跳、转体弹踢腿跳、弹踢腿跳向左、向右、前、后移动等变化。

(6) 开合跳:开合跳要求膝关节、踝关节有弹性,有节奏地跳跃,跳起两脚分开略比肩宽,脚尖外开约 120°左右,两膝外开时对准脚尖方向,身体保持正直,开合跳练习可以有原地开合跳,开合跳转体,开合跳向左、右、前、后移动等变化。

(7) 弓步跳:弓步跳要求膝关节、踝关节有弹性,有节奏地跳跃,跳起两脚分开成弓步,身体保持正直,弓步跳练习可以有向前弓步跳,向侧弓步跳,向后弓步跳、弓步跳转体、弓步跳向左、右、前、后移动等变化。

三、健美操躯干部分基本动作要素

躯干是健美操运动中最富有表现力的部分。躯干部位动作主要由胸、腰和髋部的动作组成(图6-4)。

①合胸动作

②展胸动作

③前屈

④后屈

⑤侧屈

⑥顶髋(右)

⑦顶髋(左)

⑧摆髋(右)

⑨摆髋(左)

图6-4　躯干基本动作

第二节 健美操的基本步伐组合

学习健美操的基本动作是学习健美操组合的基础和重要内容,健美操基本动作掌握正确与否,直接影响学生的锻炼效果。通过健美操基本动作的练习,可以使学生的肌肉得到全面的锻炼,培养学生们的协调性、生活性、韵律感和节奏感,从而进一步认识和理解健美操运动,激发学生们学习的积极性和主动性。

根据高等高校健美操教育的特点和实际情况,我们选择了常用的、典型的、有代表性的健美操基本动作和基本组合供广大学生学习和练习时使用。

(一) 第一组动作 《移重心、点步组合》6×8 拍

(1) 1~拍:重心移左腿,右脚侧点地,右臂前举,拳移向下,左臂腰侧屈,拳向上。
2~拍:两腿屈膝成半蹲,两臂腰侧屈。
3~4 拍:同 1~2 拍,方向相反。
5~8 拍:同 1~4 拍。

(2) 1~7 拍:同(1)1~7 拍。
8~拍:左脚并于右脚,两手还原至体侧。

(3) 1~拍:右脚半蹲,左脚前点,两臂上举,五指分开,掌心向前。
2~拍:右脚并于左脚,屈膝半蹲,两臂侧上屈,拳心相对。
3~4 拍:同 1~2 拍,方向相反。
5~拍:右腿半蹲,左脚前点,两臂侧下举,五指分开掌心向前。
6~拍:同 2 拍。
7~8 拍:同 5~6 拍,方向相反。

(4) 1~7 拍同(3)1~7 拍。
8~拍:左脚并于右脚,两手还原至体侧。

(5) 1~拍:左脚向侧一步,两手叉腰。
2~拍:右脚并于左脚,两腿屈膝半蹲,两手叉腰。
3~4 拍:同 1~2 拍。
5~拍:左腿后伸成右弓步,两臂前摆至前平举,五指分开,掌心相对。
6~拍:左脚并于右脚,两腿屈膝尖蹲,两手腰侧屈,掌心相对。
7~8 拍:同 5~6 拍,方向相反。

(6)同(5),方向相反。

(二) 第二组动作 《弓步跳组合》6×8 拍

(1) 1~2 拍:左腿半蹲,右脚侧点地。
3~4 拍:两地侧尖举,五指并拢掌心向下。
5~6 拍:同 1~2 拍。
7~8 拍:左脚并于右脚成直立,两臂还原至体侧。

(2) 1～拍:左脚向左侧一步成右步,左臂前摆至前平举,拳心向下,右臂腰侧屈,拳心向上。

2～拍:左脚并于右脚,左臂腰侧屈,拳心向上。

3～4拍:同1～2拍,方向相反。

5～8拍:同1～4拍。

(3) 1～拍:跳成左前弓步,两臂上举,五指分开向前。

2～拍:跳还原,屈膝半蹲,两臂侧下举,拳心相对。

3～拍:同1拍,换脚做。

4～拍:跳还原,屈膝半蹲,两臂体前交叉,拳心向内。

5～拍:左脚向左点成右侧弓步,两臂摆至侧平举,五指并拢,拳心向下。

6～拍:同4拍。

7～拍:同5拍换脚做。

8～拍:右脚并于左脚,两手还原至体侧。

(4) 同(3)。

(5) 1～拍:左转45°,两腿跳成左弓步,左臂侧上举,右臂前平举,掌心相对。

2～拍:跳还原,屈膝半蹲,两臂体前交叉,拳心向内。

3～4拍:同1～2拍,方向相反。

5～8拍:原地踏步四次,两手握拳,两臂前后自然摆动。

(6) 1～拍:左转180°,跳成左前弓步,左臂前上举,右臂前下举,五指分开,掌心相对。

2～拍:右转180°,跳还原成直立,右臂前上举,左臂前下举,五指分开,掌心相对。

3～4拍:同1～2拍,方向相反。

5～7拍:同1～3拍。

8～拍:还原成直立,两手还原至体侧。

(三) 第三组动作　《开合跳组合》6×8拍

(1) 1～4拍:左脚开始踏步四次,两臂自然摆动,两脚逐渐分开成左右开立。

5～6拍:两腿开立,屈伸一次,两手叉腰。

7～8拍:同5～6拍。

(2) 同(1)方向相反。

(3) 1～拍:跳起成分腿半蹲(开合跳),两臂侧平举,五指并拢向下。

2～拍:跳成直立,两臂置于体侧。

3～4拍:同1～2拍。

5～拍:同1拍,两臂侧上举,五指并拢,掌心相对。

6～拍:同2拍。

7～8拍:同5～6拍。

(4) 同(3)。

(5) 1～拍:步伐同(1)1 拍,左臂侧平举,五指并拢向下。
2～拍:步伐同(1)2 拍,左臂侧上屈,拳心向内,右臂于体侧。
3～拍:步伐同 1 拍,两臂侧平举,五指并拢向下。
4～拍:步伐同 2 拍,两臂侧上屈,拳心向内。
5～拍:步伐同 1 拍,左臂前上举,右臂前下举,拳心相对。
6～拍:同 2 拍右臂前上举,左臂前下举,拳心相对。
7～8 拍:同 5～6 拍。
(6)同(5)。

(四) 第四组动作 《侧交叉步,V 字步组合》8×8 拍

(1) 1～拍:左脚向左一步(左交步),两臂冲拳至前平举,拳心向下。
2～拍:交叉步,两臂腰侧屈,拳心向上。
3～拍:同 1 拍。
4～拍:右脚并于左脚,两臂至体侧。
5～8 拍:向前 V 字步,两臂自然摆动。
(2) 1～4 拍:向前 V 字步,两手握拳,向前屈伸 2 次。
5～拍:左脚向前成点步,右臂在前,左臂在后。
6～拍:身体向右转体 180°,成右前弓步,右臂在前,左臂在后。
7～拍:右转体 180°,左脚向前一步,右臂在前,左臂在后。
8～拍:右脚并于左脚,两臂至体侧。
(3)～(4)同(1)～(2),方向相反。
(5)～(8)同(1)～(4)。

(五) 第五组动作 《胸腿跳组合》6×8 拍

(1) 1～8 拍:胸腿跳四次,两手叉腰。
(2) 1～2 拍:左脚胸腿跳一次同时向左转体 180°,两手叉腰。
3～4 拍:左脚胸腿跳一次同时向右转体 180°,两手叉腰。
5～8 拍:同 1～4 拍。
(3) 1～2 拍:左脚胸腿跳一次同时向左转体 180°,两手叉腰。
3～4 拍:右脚胸腿跳一次,同时向左转体 180°,两手叉腰。
5～8 拍:同 1～4 拍。
(4) 动作同(3),方向相反。
(5) 1～2 拍:左脚胸腿跳一次,两臂向前冲拳,拳心向下。
3～4 拍:同 1～2 拍,换脚做。
5～拍:同 1 拍。
6～拍:两臂体前交叉,拳心向内。
7～8 拍:右转 90°,右脚向右侧步跳,左臂上举,右臂前举,掌心相对。
(6) 动作同(5),方向相反。

(六) 第六组动作　《弹踢腿跳组合》6×8 拍

(1) 1~8 拍:右腿向前弹,踢腿跳四次,两手叉腰。
(2) 1~8 拍:左右腿向侧,弹踢腿四次,两手叉腰。
(3) 1~2 拍:左腿向前弹,踢腿跳一次,两臂上举一次,五指分开,掌心向前。
3~4 拍:右腿向前弹,踢腿跳一次,两臂上举,五指分开,掌心向前。
5~6 拍:左腿向侧弹,踢腿跳一次,两臂侧平举,五指分开,掌心向前。
7~8 拍:同 5~6 拍,换脚做。
(4) 同(3),方向相反。
(5) 1~4 拍:左腿开始向前弹踢腿跳四次,两臂上举,五指分开,掌心向前。
5~6 拍:左腿向侧弹,踢腿跳一次,两臂侧平举,五指并拢,掌心向下。
7~8 拍:同 5~6 拍,换脚做。
(6) 1~4 拍:同(5)1~4 拍,向后做。
5~拍:左脚向左一步成分腿半蹲,两手扶膝。
6~拍:直立,两臂体侧。
7~拍:跳成左前弓步,两臂上举。
8~拍:同 6 拍。

(七) 第七组动作　《大踢腿跳组合》6×8 拍

(1) 1~2 拍:左脚踢腿跳一次,两臂侧平举,五指并拢向下。
3~4 拍:左脚向前大踢腿跳一次,两臂侧平举,五指并拢向下。
5~8 拍:同 1~4 拍,方向相反。
(2) 1~8 拍:左脚开始大踢腿跳四次,两臂侧平举,五指并拢向下。
(3) 1~3 拍:左脚自前,后踢跳三次,两手握拳,两臂自然摆动。
4~拍:右脚并于左脚,握拳腰侧屈,拳心向上。
5~6 拍:左脚向左侧大踢腿跳一次,右臂前上举,左臂前平举,两手五指分开,掌心相对。
7~8 拍:同 5~6 拍,方向相反。
(4) 1~4 拍:同(3)1~4 拍,方向相反。
5~6 拍:左脚向前大踢腿跳一次,两臂前举,拳心向下。
7~8 拍:同 5~6 拍,方向相反。
(5)~(6)同(3)~(4)。

(八) 第八组动作　《踏步组合》6×8 拍

(1) 1~8 拍:左脚开始踏步八次,两手握拳,两臂自然摆动。
(2) 1~7 拍:同(1)1~7 拍。
8~拍:右脚并于左脚,两臂至体侧。
(3) 1~拍:左脚向前踏步,两臂前平举,五指并拢,掌心相对。

2～拍:右脚并于左脚,手臂动作不等。

3～拍:左脚向前踏步,两臂上举,五指并拢,掌心相对。

4～拍:左脚并于右脚,手臂动作不变。

5～拍:左脚向前踏步,两臂摆平侧平举,五指并拢,掌心向下。

6～7 拍:向前踏步同时,两肘臂向内绕环一次。

8～拍:右脚并于左脚,两臂至体侧。

(4) 同(3),方向相反。

(5) 1～拍:左脚向左一步,两臂至前平举,拳心向下。

2～拍:右脚并于左脚,两臂腰侧屈,拳心向上。

3～拍:左脚向左一步,两臂上举,拳心相对。

4～拍:两臂侧摆至平举,脚不动。

5～拍:两臂侧上屈,拳心相对,脚不动。

6～7 拍:两臂向外绕环一次,脚不动。

8～拍:左脚并于右脚,两臂至体侧。

(6) 同(5),方向相反。

第三节　健美操成套动作

一、普通健美操

在掌握了健美操基本步伐和手臂动作之后,现介绍一套适合大学一年级学生学习的健美操成套动作,该套动作比较简单,变化不多,但在姿态和基本形态方面有一定的要求。该套动作共 12 节,56 个 8 拍,可选用 135 拍/分钟左右的节奏进行练习。

- **第一组动作:4×8 拍**

(1)1～拍:左脚踏步,左手握拳肩侧屈,右手握掌向上举。

2～拍:同 1 拍,交换手脚做。

3～4 拍:踏步两次,两臂屈肘握拳于胸前,左右交叉两次。

5～6 拍:踏步两次,两手直臂经前后摆。

7～8 拍:踏步两次,两手在胸前击掌三次。

(2)～(4)同(1)。

- **第二组动作:4×8 拍**

(1) 1～拍:左脚踏步前进,右手握拳胸前抬肘屈臂,左手下举。

2～拍:右脚踏步前进,右手握拳肩侧落肘屈臂,左手下举。

3～拍:左脚踏步前进,右手握拳上举,左手下举。

4～拍:右脚踏步前进,右手经侧落至下举。

5～8 拍:踏步后退,手臂动作同上,换手做。

(2) 1～拍:右腿半蹲,左脚侧点地,两臂经下至胸前屈举,拳心向上。

2～拍:左脚并至右脚旁半蹲,两臂至下举,拳心向上。

3～4拍：同1～2拍，换脚做。

5～8拍：同1～4拍。

● 第三组动作：4×8拍

（1）1～拍：左脚向左一步（左交叉步），左臂侧举，右臂胸前平屈。

2～拍：交叉步，右臂侧举，左臂胸前平屈。

3～拍：同1拍。

4～拍：两脚并合，两臂至体侧。

5～拍：开合跳分腿，两臂侧平举。

6～拍：开合跳并腿，两臂上举击掌。

7～拍：同5拍。

8～拍：同4拍。

（2）同（1），方向相反。

（3）～（4）同（1）～（2）。

● 第四组动作：4×8拍

（1）1～2拍：两腿经半蹲伸直，两手经下摆至右手在前，左手在后的平举，掌心向下。

3～4拍：同1～2拍，换手做。

5～6拍：两腿屈伸一次，右手向后，左手向前绕环。

7～8拍：同1～2拍。

（2）动作同（1），方向相反。

（3）1～2拍：左脚向左移，重心移左脚直立，右脚侧点地，两手经下向左摆动。

3～4拍：同1～2拍，方向相反。

5～6拍：左脚向左侧并步一次成左脚直立，右脚侧点地，两手经顺时针绕环向左摆动。

7～8拍：同1～2拍。

（4）同（3），方向相反。

● 第五组动作：4×8拍

（1）1～2拍：右脚并于左脚旁向左顶髋两次，左手屈肘握拳，拳心向上，右手握拳下举稍屈时，拳心向上。

3～4拍：同1～2拍，方向相反。

5～8拍：同1～4拍，速度加快一倍。

（2）1～拍：左脚向前一步，两臂向前冲拳。

2～拍：右脚向前一步，两臂腰侧屈，拳心向上。

3～4拍：同1～2拍。

5～拍：左转90°，右腿后撤成左弓步，左臂腰侧屈右臂向前冲拳。

6～拍：同4拍。

7～拍：同5拍，方向相反。

8～拍：同4拍。

（3）同（1）。

(4) 同(2)1 ~4,后退步。

● **第六组动作:2×8 拍**

(1) 1 ~4 拍:踏步,两臂前后摆动。

5 ~拍:左脚向左前一步半蹲(V 字步),左臂斜上举,掌心向内,右臂下举。

6 ~拍:右脚向右前一步半蹲,左臂不动,右臂斜上举,掌心向内。

7 ~拍:左脚后退一步半蹲,两臂胸前平举,掌心内下。

8 ~拍:右脚并至左脚旁,两臂至下举。

(2) 同(1)。

● **第七组动作:4×8 拍**

(1) 1 ~3 拍:向前后踢腿跑,两臂胸前平屈,同时向前绕环。

4 ~拍:并脚半蹲,两手叉腰。

5 ~6 拍:左脚在前的弓步跳,两手叉腰。

7 ~8 拍:右脚在前的弓步跳,两手叉腰。

(2) 1 ~4 拍:同(1)1 ~4 拍,向左做。

5 ~6 拍:左侧弓步跳,两手叉腰。

7 ~8 拍:右侧弓步跳,两手叉腰。

(3) ~(4)同(1) ~(2)。

● **第八组动作:8×8 拍**

(1) 1 ~2 拍:原地踏步,两臂松拳胸前上屈,拳心向内。

3 ~4 拍:原地踏步,两臂上举,五指分开,掌心向前。

5 ~6 拍:原地踏步,两臂侧举,五指分开,掌心向前。

7 ~拍:左脚向左一步,两臂于体侧。

8 ~拍:右脚向右一步开立,两臂于体侧。

(2) 1 ~2 拍:两腿屈伸一次,右臂屈于胸前,掌心向下,左手于体侧。

3 ~拍:两腿半蹲,右臂动作同上,左臂前平举,掌心向内。

4 ~拍:两腿伸直,两臂前平举,掌心向内。

5 ~拍:两腿开跳一次,两臂侧平举,掌心向下。

6 ~拍:右脚在前的吸腿跳一次,两臂上举击掌。

7 ~拍:动作同 5 拍。

8 ~拍:两腿并合,两臂下举,同时左转 90°。

(3) ~(4)、(5) ~(6)、(7) ~(8)同(1) ~(2)。

● **第九组动作:4×8 拍**

(1) 1 ~拍:后踢腿跳,左手下举,右手叉腰。

2 ~拍:后踏腿跳,两手叉腰。

3 ~拍:后踢腿跳,左手叉腰,右手叉肩。

4 ~拍:后踢腿跳,两手叉肩。

5 ~拍:后踢腿跳,左手叉肩,右手上举,掌心向内。

6 ~拍:后踏腿跳,两手上举,掌心向内。

7～8 拍:后踏腿跳,两手上举,击掌两次。

(2) 脚步动作同(1),手臂动作从上至下。

(3) 1～2 拍:两腿开跳两次,两臂侧平举,掌心向下。

3～4 拍:左转 180°,两腿并跳两次,两手叉腰。

5～8 拍:同 1～4 拍。

(4)同(3),方向相反。

• 第十组动作:4×8 拍

(1) 1～2 拍:左腿前吸的吸腿跳一次,两臂握拳胸前上屈,拳心向上。

3～4 拍:右腿前吸的吸腿跳一次,两臂握拳侧举,拳心向下。

5～拍:左腿前吸的吸腿跳,左臂平举,右臂胸前平屈。

6～拍:两脚并立,两臂至上举。

7～拍:现 5 拍,方向相反。

8～拍:右腿下落跳,两臂于体侧。

(2)～(4)同(1)。

• 第十一组动作:8×8 拍

(1)1～2 拍:左脚向左一步开立,两手侧平举。

3～4 拍:经屈腿左转 90°成左脚直立,右脚后点地,两臂经体侧至右手前平举,左手侧平举。

5～6 拍:两腿全蹲,两手体侧扶地。

7～8 拍:两腿伸直,两手体侧扶地,体前屈。

(2) 1～2 拍:右转 90°开立,两臂前平举,掌心向前,抬头挺胸,向下振胸腰。

3～4 拍:腿不动,体前屈,两臂向后伸。

5～6 拍:腿不动,两臂侧平举,掌心向下,抬头挺胸,向下振胸腰。

7～8 拍:左腿并至右腿直立,两臂下举。

(3)～(4)同(1)～(2),方向相反。

(5)～(8)同(1)～(4)。

• 第十二组动作:4×8 拍

(1) 1～8 拍:原地踏步,两臂前后摆动。

(2) 1～4 拍:左脚向左一步开立,两臂经侧向上交叉。

5～8 拍:两臂经侧放下,左脚并至右腿直立。

(3)～(4)同(1)～(2)。

二、拉丁有氧操组合

Rumba(伦巴)起源于非洲北部苏丹黑人民间舞蹈,传入古巴后又吸取南美洲智利的蔡卡舞成分。伦巴的风格特点,以桑为主,外柔内刚。腰胯部有节律的振动和手臂的舞动充分表现了女性的婀娜多姿,柔美浪漫,固此 Rumba 又被称为爱之舞。

伦巴健身操比其他拉丁操的节律要缓慢,但它独特的塑身效果和流畅的动作要求可以让您体验身体如水般的流动。伦巴健身操的训练不但能带来优雅高贵的气度,而且可调整身体曲线,使您的纤腰更加婀娜。

腰胯部"∞"字律动和手臂的"8"字舞动相结合,训练腰部的灵活性、表现力,肩臂部与身体的协调能力,充分表现女性的婀娜多姿。伦巴健身操有很强的健身效果,它的训练动作不但使您身材线条修长流畅,而且能培养优雅高贵的气质。

伦巴健身操的学习首先需要注意好节拍,这样,随着音乐的流动我们的舞姿才能够舒畅自然。本书中,针对每一拍的动作都进行了详细讲解,您只需按节拍顺序依次对照训练即可。所以,数节拍会使我们的学习变简单化,变轻松愉快。

伦巴健身操能带给您永远的青春和健康,在翩翩起舞间找到属于您自己的魅力。

(一) 单一动作和基本步伐

伦巴的音乐是 4/4 拍,每分钟 28 ~ 32 小节,节奏缓慢、平稳,曲调明快略带忧郁。重拍在第四拍和第八拍。我们可以选择市面上的 22 人拉丁舞曲音乐,因为伦巴健身操动作较为柔和,所以用专业的伦巴音乐也可以。

1. 手臂的舞动

双臂自然地从身体两侧平伸打开,高度略低于肩,手心向下,然后双臂在身体前呈环抱状,即采用芭蕾舞的一位手势。

手臂的舞动是大臂带动小臂和手腕在腰际水平位置上做环形舞动,即划个竖"8"字。双臂要交替进行。

要点提示:舞动时要柔软,轻盈自然,大方舒展,并与身体相关部位律动协调配合,舞出自己的感觉。在拉丁健身操中要始终保持手臂的舞动。

2. 伦巴的体态

双脚左右开放式站立。步距同肩宽。左脚支撑身体重心,左胯提起手臂张开,挺胸拔背,肩下沉,自然地呼吸。

要点提示:练习时,要求在原地双脚做左右交替移重心训练,与手臂的舞动配合起来,感受基本的伦巴律动。

3. 腰胯部律动

双脚左右开放式站立,手臂一位展开。由腰带动下胯部和膝的环转运动,运动轨迹呈"∞"字水平位置环形扭动。

要点提示:腰胯部的律动是拉丁舞的主要特点,所以在伦巴健身操的动作中都是以腰胯动作为主,每一个动作都没有脱离其基本律动特点。

4. 前进步和后退步

(1) 前进步:双脚并立,手臂一位展开,身体重心稍向前。

1 ~ 拍:重心移向左脚,扭腰胯,内屈右腿,提升脚跟。

2～拍:右脚向正前方迈进一步,扭腰胯,将重心移至右脚。

3～拍:左脚向正前方迈进一步,扭腰胯,将重心移至左脚。

要点提示:前进步是左右脚交替向前迈进,双脚尽量走一条直线,腰胯部律动与手臂的舞动协调配合。

(2) 后退步:与前进步相同。

1～拍:将重心移至左脚,扭腰胯,内屈右腿,提起脚跟。

2～拍:向正后方踏出右脚,身体重心前后方,扭腰胯,左脚高点地屈膝步。

3～拍:同样左脚向后踏出移至重心,顶胯。

要点提示:后退步是左右脚交替向后踏,双脚尽量走直线,腰胯部律动、手臂舞动相配合。

5. 库克拉恰

双脚并立,手臂一位展开。

1～拍:左膝弯曲时抬脚跟,扭腰胯,重心在右脚。

2～拍:将重心移向右,屈右膝,顶左胯。

3～拍:将重心移向右,屈左膝,扭腰,顶右胯。

4～拍:屈右膝的同时旁出左脚,扭腰,顶左胯,重心在左脚。

5～拍:将重心移向右,屈左膝,扭腰,顶右胯。

6～7 拍:左右交替屈膝,顶胯。

8～拍:左脚收回原地。

要点提示:反方向的库克拉恰是先出右脚移动,动作同上。

6. 二分之一转步

1～拍:双脚并立,手臂一位展开,右脚经左脚向右侧点地。

2～拍:将重心移至右脚,向左转向,面向右。

3～拍:扭腰,顶胯,屈右膝。

4～拍:右脚向右侧迈步,转身回正,扭腰,顶胯,将重心移至右脚。

要点提示:二分之一转步共4 拍。反方向左脚为动力腿,动作同上。

7. 原地移动步

双脚并立,手臂一位展开。

1～拍:右膝弯曲时抬脚跟,扭腰,顶左胯,重心在左脚。

2～3 拍:重复交替向左右移重心,屈膝,顶胯。

4～拍:弯曲左膝时同时旁出右脚。然后,扭腰顶胯,重心左右脚。快速收回右脚。

5～拍:反方向同上,右膝弯曲时抬脚跟,扭腰顶胯,重心在右脚。

6～拍:原地交替屈膝,顶胯。

7～8 拍:向旁出左脚,扭腰顶胯,移重心后,快速收回。

要点提示:原地移动步是通过脚移动位置的练习,左右交替移动共8 拍。

8. 轴心转步

双脚并立,手臂一位展开,身体重心稍向前。

1～拍:向左脚移重心,扭腰,顶胯,右脚点地屈膝。

2～拍:右脚向后踏出,身体重心移到右脚,扭腰,顶胯,左脚点地屈膝步。

3～拍:将重心移到左脚。

4～拍:以左脚为轴心,左脚半脚尖立起,后抬右脚快速转身,面向后。

5～8 拍:按着同样动作,轴心转点转半圈,面向前。

要点提示:轴心转步为 1 个八拍。左右脚依次作为轴心转半圈。

以上为伦巴健身操的最基本步伐和单一动作,是后面组合中最实用的动作,要求动作配合节拍,舞姿协调流畅。动作不要求标准,但要舞出自己的感觉。一些花步和花样动作会在以下章节的组合练习中学到。组合动作中,基本步的掌握很重要,所以,一定要在掌握了基本步的前提下,才可以进行组合练习。

(二) 组合训练

组合训练由 4 组动作组合串联而成,每组动作 4 个 8 拍。训练时从单一组合反复练起,每组逐个熟练后按顺序把 4 个组合连起来训练。

1. 组合动作 1

前进、后退步(前进步 4 拍,移重心后变后退步 4 拍)(1 个 8 拍)+花步 1(1 个 8 拍)+库克拉恰(左右方向各 1 个 8 拍)(2×8 拍)。

1～拍:左脚向右出腿点地,左手臂划至胸前。

2～拍:以左脚为轴向左迈右脚,转身面向后,将重心移至右脚,左手臂同时展开。

3～拍:以右脚为轴左脚向右旁迈出,转身向前,将重心移至左脚,手臂为左高右低展开。

4～拍:保持 3 拍动作,停一拍。

5～8 拍:动作同上,方向相反地重复动作回到原位。

要点提示:按以上 4×8 拍动作顺序串联起来重复训练,组合动作中最基本步的掌握很重要,所以,一定要在掌握了最基本步以后,才可以进行组合练习。

2. 组合动作 2

前进步(向前迈进四步)[4 拍]+二分之一转步(向左方向)[4 拍]+后退步(向后退踏四步回到原位)[4 拍]+二分之一转步(向右方向)4 拍+花步 2(1 个 8 拍)+原地移动步(左右交替移动)[1 个 8 拍]。

花步 2:双脚开立,手交叉放于胸前。

1～4 拍:原地做腰胯"∞"字扭动。

5～拍:打开手臂,左脚向右脚前交叉迈进一步。

6～拍;右脚向左前交叉迈进一步。

7～拍：左脚向左后踏退一步。

8～拍：右脚向右踏退一步回到原位。“十字交叉步”完成。

要点提示：以上动作是以4拍为一个单位串联起来的组合，要求单位间动作能够连贯起来。

3. 组合动作3

库克拉恰（左右方向动作各1个8拍）［2个8拍］+花步3［1个8拍］+轴心转步［1个8拍］。

花步3：双脚并立，双手高举于头前方，如芭蕾手三位。

1～4拍：原地做腰髋“∞”字扭动，配合双臂的“8”字舞动。

5～拍：打开手臂，左脚向左前方外迈进一步。

6～拍：右脚向右前方外迈进一步。

7～拍：左脚向右后方踏回一步。

8～拍：左脚向后退踏原位，双脚相并，“V”字步完成。

轴心转步：

1～拍：右脚向正后退踏一步，向后扭腰，顶胯，将重心移至后。

2～3拍：双脚在原地前后交替扭腰，顶胯，移重心。

4～拍：以左脚为轴心抬右脚转身，面向后。

5～拍：左脚向正后方退踏一步，向后扭腰，顶髋将重心移至后。

6～7拍：双脚在原地前后交替扭腰，顶胯，移重心。

8～拍：以右脚为轴心抬左脚转身，面向后。

要点提示：以上4个8拍的动作顺序连贯起来重复训练。要求动作流畅协调。

4. 组合动作4

前进后退步（前进步4拍，移重心变后退步4拍）［1×8拍］+花步4［1个8拍］+原地移动步（左右交替移动）［1个8拍］+原地腰胯部律动，双脚并立，原地进行腰胯“∞”字扭动［1×8拍］。

花步4：双脚并立，双手一位展开。

1～4拍：重复“V”字步。

5～拍：左脚向左后方外开退踏一步。

6～拍：右脚向右后方外开退踏一步。

7～拍：左脚向右前迈进一步。

8～拍：右脚向前迈进与左脚并步，完成“X”交叉步。

要点提示：花步4是“V”字步的发展动作组成“X”交叉步，此套组合以原地腰胯律动结束。

四组动作逐个训练熟练以后，再把四组动作按顺序连起来重复。要求动作配合节拍，舞姿柔美，动作不要求标准，但要顺畅流利，舞出自己的感觉。

（三）花样组合

花样组合由四组动作组合串联而成，每组动作8个8拍。花样组合同花样动作很多，所以训练时先掌握花样动作后，再从单一组合反复练习。每组动作逐个熟练后按顺序把4个组合连起来训练，重复，直到动作流畅自如。

1. 花样组合1

原地腰髋律动[1个8拍]+前进步（向前迈进四步，先迈左腿）[4拍]+花步[1个8拍]+后退步（向后退踏四步，先迈右腿）[4拍]+原地移动步（左右交替移动）[1个8拍]。

原地腰髋部律动；双脚开立，平臂一位展开。要求身体腰髋的扭动与手臂舞动协调配合。

1~4拍：腰髋"∞"字律动，同时随着节拍递进身体，逐渐屈膝下蹲，手臂上举舞动。

5~8拍：同样腰胯"∞"字律动，但同时随着节拍递进身体，逐渐直膝升高。

花步5：

1~拍：左脚向左出脚，点地，左手臂划至胸前。

2~拍：以左脚为轴向左迈右脚转身面向后，将重心移至右脚，左手臂同时展开。

3~拍：以右脚为轴，左脚向左旁迈出转身向前，将重心移在左脚，手臂为左高右低展开。

4~拍：保持3拍动作屈膝蹲位。

5~6拍：原地移重心，左右扭腰，顶胯一次。

7~拍：右脚向右出腿点地，右手臂划至胸前。

8~拍：以右脚为轴向右迈左脚转身面向后，移重心在左脚，右手臂同时展开。

要点提示：按以上4个8拍的动作顺序连贯起来重复训练。组合动作中基本步的掌握很重要，所以，一定要在掌握了基步以后，才可以进行组合练习。

2. 花样组合2

库克拉恰（左右方向动作各1个8拍）[2个8拍]+花步6[1个8拍]+二分之一转步（左右方向）[1个8拍]。

花步6：

1~拍：左脚向左前方迈进点地，左手臂划至胸前，抬头挺直身体。

2~拍：以左脚为轴向左迈右脚转身，移重心在右脚，左手臂同时展开。

3~拍：以右脚为轴，左脚向左旁迈出转身向前，移重心左右脚，右手臂向右上方伸展开，挺胸、腰。

4~拍：以左脚为轴向左迈右脚转身，移重心到右脚，右手臂向右上方伸展开，站挺胸腰。

5~拍：右手划至胸前，回头，右脚点地步。

6~拍：以右脚为轴立身向后迈左脚转半圈，右手臂打开一位。

7～拍:以左脚为轴右脚向右旁迈出转身面向前,移重心在右脚,左手臂划至胸前,右臂立举向后伸展。

8～拍:保持7拍的动作,挺胸抬头,使动作更舒展。

3. 花样组合3

腰胯部律动双脚并立,原地进行腰髋"∞"字扭动[1个8拍]+花步7[1个8拍]+前进后退步(斜向前左方的前进步4拍,斜向右前方的前进步4拍,斜向左后方的后退步4拍)[2×8拍]。

花步7:

1～拍:左脚向右脚前方交叉迈进一步,移重心在左脚。

2～拍:右脚向左脚前方交叉迈进一步,移重心在右脚。

3～拍:左脚向左后方踏一步,向后移重心到左脚。

4～拍:以左脚为重心屈腿,右脚伸直点地,顺时针向后划圈到身后,手臂高举展开。

5～8拍:右脚踏同前,双脚开立,原地做"∞"字腰胯律动。

4. 花样组合4

原地移动步(左右交替移动)[1个8拍]+花步8(先左脚起始,再右脚起始,各1个8拍[2个8拍]+原地腰髋部律动[1个8拍])。

花步8:

1～拍:双脚并拢,脚跟抬起直立,左脚向前右交叉踏进,移重心,双膝始终并住。

2～拍:同样右脚向左前交叉踏进重心。

3～4拍:重复1～2拍的动作向前踏进。

5～拍:挺胸,左脚向左后退踏一步,移重心到后。

6～拍:同上,左脚向右后退踏一步,移重心到后。

7～拍:挺胸,左脚向右脚前方交叉迈进一步,移重心在左脚。

8～拍:右脚向左脚前方交叉迈进一步,移重心在右脚。

腰胯部律动:双脚开立,原地进行8拍的腰髋"∞"字原地动。

要点提示:以上4个8拍的动作顺序连贯起来重复训练。要求动作流畅协调。

三、搏击有氧操组合

搏击有氧操具有拳击的风格和特点,是结合拳击运动中的拳法、姿势、步伐和武术中的踢法所发展起来的健身健美操。由于动作速度有力,运动强度较大,更为男女青年所喜爱。

(一)基本动作介绍

1. 基本姿势

两脚开立(略比肩宽),两膝微屈,左脚在前,脚尖微内扣,右脚在后,脚尖朝前,身体重心在两腿中间,着力点在两脚的前脚掌上;左拳前伸30cm,左肩朝前;两肘微屈,右前臂贴近胸部,右拳在下鄂附近,并微低于左拳;两肩内收,使两臂保持和拳保护头部和胸部。若右拳前伸,则右肩、右脚均须在前。

2. 拳法

(1) 直拳:出拳运动轨迹是直线。当手臂即将伸直时,拳内旋,身体重心稍前移,利用击拳的速度和力量,带动肩部突然、短促向前延伸,发力冲击。左手出拳为“左直拳”,右手出拳为“右直拳”。

(2) 勾拳:出拳时,手臂弯曲,形状似钩。拳由下而上,称为“上勾拳”。

(3) 摆拳:出拳的运动轨迹成横短半弧线,是从侧面向内横摆击,手臂弯曲大于90°。

(4) 刺拳:出拳路线与要点均同直拳,但直拳以重击为目的,而刺拳在出击的速度、力量、距离上均可随机应变。

3. 踢法

踢击需要有幅度、力量、速度、准确度、平衡诸因素。

(1) 前踢腿:一腿直立支撑,上体稍后倾,另一腿屈膝上提,快速弹腿,高不过胸,低不过腰。

(2) 侧踢腿:一腿直立支撑,上体侧屈,另一腿屈膝上提,勾脚尖,脚跟猛地侧蹬。

(二) 组合练习(共八拍)

• 第一个八拍

1~拍:两腿前后开立(左腿前),左臂水平出直拳后收回。

2~拍:右臂出直拳后收回。

3~拍:左臂摆拳后收回。

4~拍:右臂摆拳后收回。

5~拍:左臂上勾拳后收回。

6~拍:右臂上勾拳后收回。

7~8拍:双脚跳起左转,换右腿在前,两腿开立。

• 第二个八拍

1~2拍:左脚上步,左腿提膝。

3~4拍:右脚后落,左脚并右脚。

5~6拍:同1~2拍,换右脚。

7~8拍:左脚回落,右脚落于左脚后,同时身体右转180°面朝后,两脚前后开立。

• 第三个八拍

1~2拍:两腿依次踏步并前行(右腿先),右臂直拳后收回。

3~4拍:同1~2拍。

5~拍:同1拍。

6～拍:左臂直拳。

7～8 拍:身体左转 180°,两臂经上摆至胸前屈。

• **第四个八拍**

1～2 拍:分并跳,同时两手臂经侧摆至胸前屈上举再回下垂位。

3～4 拍:重复 1～2 拍。

5～8 拍:左脚上步,右腿前踏后回落,左脚并右脚,两臂胸前屈臂交叉。

• **第五个八拍**

重复第四个八拍,前踢腿换左腿。

• **第六个八拍**

1～2 拍:两脚左右开立(与肩同宽),左直拳。

3～4 拍:右直拳。

5～6 拍:左摆拳。

7～8 拍:右摆拳。

• **第七个八拍**

1～2 拍:两脚左右开立(与肩同宽),左勾拳。

3～4 拍:同 1～2 拍,右勾拳。

5～6 拍:同 1～2 后,左摆拳。

7～8 拍:同 1～2 拍,右摆拳。

• **第八个八拍**

1～4 拍:左脚并右脚,右腿侧踢回落,左脚回原。

5～8 拍:同上,方向相反,换右脚。

(三)搏击健美操组合:32 拍×2×2

注:搏击健美操组合共有两组 32 拍动作,每组动作均为 32 拍的左、右脚组合,即右脚开始,32 拍组合动作结束时的最后一拍动作落在两脚上,接着左脚开始完成该组反方向的 32 拍动作。

1. 组合 A

• **第一个八拍**

步法:保持半蹲。

手臂:1～4 拍:左臂于腰间,右臂向左推掌,水平向右摆前至侧举,再吸于腰间。

　　　5～8 拍:两臂向上伸至上举,再经侧向下摆至胸前屈防护姿势。

手型:1～4 拍:握于腰间。

　　　5～6 拍:掌。

　　　7～8 拍:拳。

面向:1～4 拍:上体由侧对前方,逐渐转至正向 1 点,头部跟随右臂转动。

　　　7～8 拍:身体向 1 点,稍扬头,目视手臂移动方向。

• **第二个八拍**

步法:1~4 拍:半蹲。

5~6 拍:半蹲,左右脚依次向左迈步,一拍两次。

7~8 拍:半蹲。

手臂:1~4 拍:右、左臂轮流勾拳一次。

5~6 拍:两臂胸前屈防护。

7~8 拍:左臂屈肘向左摆,右臂胸前屈防护。

手型:拳。

面向:1~6 拍:身体向 1 点,目视 1 点。

7~8 拍:身体向 1 点,头向左转,目视 7 点。

• **第三个八拍**

步法:1~4 拍:双脚向右小跳两次。

5~6 拍:右腿侧踢 1 次,变成半蹲。

手臂:1~4 拍:左臂胸前防护,右臂向右击拳两次。

5~6 拍:左臂向右击拳,右臂胸前防护。

7~8 拍:胸前屈防护。

手型:拳。

躯干:侧踢时上体稍向左倾斜。

头与面向:1~4 拍:身体向 1 点,头向右转,目视出拳方向。

5~拍:身体向 3 点,目视出拳方向。

6~8 拍:身体向 1 点,头向右转,目视侧踢方向。

• **第四个八拍**

步法:1~2 拍:半蹲。

3~4 拍:左腿提膝一次,并于右腿。

5~6 拍:右腿前踢一次,向前落步。

7~8 拍以右脚为轴向左转体 270°成半蹲。

手臂:1~2 拍:两臂胸间防护。

3~8 拍:胸前屈防护。

手型:拳。

躯干:前踢时上体稍后仰。

面向:1~6 拍:身体 1 点,目视 1 点。

7~8 拍:身体 3 点,目视 1 点。

• **第五~八个八拍** 动作同第一~四个八拍动作,但方向相反。

2. 组合 B

• **第一个八拍**

步法:1~2 拍:两脚开立,稍屈膝,保持膝关节弹性,2 拍上体右转 90°。

3~4 拍:左腿站立,右腿提膝,落成半蹲。

5～8 拍：右腿站立，左腿前踢，落成半蹲，两拍一动。

手臂：1～拍：右臂侧向出拳，左臂胸前屈。

2～拍：转身，左臂向前出拳，右臂胸前竖屈。

3～4 拍：两臂屈肘下摆。

5～8 拍：两臂屈肘保护胸部。

手型：拳。

躯干：前踢腿时，上体稍后仰。

面向：1～拍：身体面向 7 点，头向 1 点，目视出拳方向。

2～7 拍：身体向 1 点，目视出拳方向。

8～拍：身体向 1 点，头向左转，目视 3 点。

- **第二个八拍**

步法：1～4 拍：半蹲，右、左脚依次向右迈步，一拍一动。

5～6 拍：左脚带动踝、膝、髋向右转，然后左脚并右脚。

7～8 拍：左腿侧踢一次落成半蹲。

手臂：1～4 拍：右臂屈肘向右顶，然后肩侧屈，两拍一动。

5～6 拍：左臂向前出拳一次。

7～8 拍：两臂胸前屈。

手型：拳。

躯干：侧踢时上体稍向左倾斜。

面向：1～4 拍：身体向 1 点，目视 3 点。

5～拍：向 3 点，目视前方。

6～8 拍：向 1 点，侧踢时目视踢腿的方向。

- **第三个八拍**

步法：1～4 拍：左脚开始向左连续并步两次，4 拍右腿提膝。

5～6 拍：右脚向前落下，再向前上步。

7～8 拍：以右脚为轴，向右转体 180°，成半蹲。

手臂：1～4 拍：右、左臂轮流向前出拳三次，一拍一次，两臂屈肘时防护。

5～6 拍：右臂向前直拳，勾拳各一次。

7～8 拍：两臂胸前屈防护。

手型：拳。

头与面向：1～4 拍：身体对前方，目视 1 点。

5～6 拍：身体面对 7 点，目视 1 点。

7～8 拍：身体面对 2 点，目视 1 点。

- **第四个八拍**

步法：1～4 拍：左脚向后一步与右脚平行半蹲站立，左腿提膝一次，然后并于右腿。

5～6 拍：右腿侧踢一次。

7～8 拍：半蹲。

手臂：1～6 拍：两臂屈肘防护。

7~8拍:两臂手掌劈至右下方。

手型:1~6拍:拳。

7~8拍:掌。

躯干:侧踢时上体稍向左倾斜。

面向:1~4拍:身体向1点,目视出拳方向。

7~8拍:身体向1点,目视右下方。

- **第五至八个八拍** 动作同第一至四个八拍动作,但方向相反。

四、踏 板 操

(一) 踏板的基本动作

踏板的基本动作一般包括上板、下板和过板。

1. 左脚上板,左脚下板(图示6-5)

图6-5 左脚上板,左脚下板

【预备姿态】 面对踏板,自然站立,两手叉腰。

【动作要领】 1~拍:左脚抬起,踏上板,支撑重心。2~拍:右脚上板并于左脚旁站立。3~拍:左脚下板支持重心。4~拍:右脚下板并于左脚旁,还原。5~8拍:同1~4拍动作。

2. "L"形上下板(图示6-6)

图6-6 "L"型上下板

【预备姿态】 面对踏板,自然站立,两手叉腰。

【动作要领】 1~2拍:左右脚依次踏上板。3~4拍:左右脚依次从板的侧端下板。5～8拍:同1～4拍动作,但方向相反。

3. 左右脚上板,下纵板(图6-7)

图6-7　左右脚上板,下纵板

【预备姿态】　面对踏板,自然站立,两手叉腰。

【动作要领】　1～2拍:左右脚依次踏上板站立。3～拍:左脚下板于板左侧。4～拍:右脚下板于板右(成两脚骑于板上)。5～8拍:同1～4拍,动作方向相反。

4. "V"字形上下板(图6-8)

图6-8　"V"字形上下板

【预备姿态】　面对踏板,自然站立,两手叉腰。

【动作要领】　1～拍:左脚踏上板于板左侧。2～拍:右脚踏上板于板右侧。3～4拍:左、右脚依次下板还原。5～8拍:同1～4拍动作。

5. 特别注意

在练习中,练习者可根据自身的实际情况来选择练习内容。

(1) 保持抬头挺胸,上体稍微前倾的躯体姿势,但上体前倾不能过度,否则易引起腰部不适。

(2) 根据身高和自身力量可自行调整踏板高度,以膝关节角度大于90°为宜。运动时要穿合脚的鞋子,鞋底要柔软而富有弹性。

(3) 上板时要注意全脚掌接触板面,下板时落地点离板不宜太远。

(二) 踏板操组合练习(示例)

1. 第一组练习(图 6-9)

【准备部分】 面对横板,原地踏地,1×8 拍。

图 6-9 踏板操练习(1)

(1) 第一个八拍:1 ~2 拍:左右脚“V”形上下板,同时左臂摆至左斜上举,右臂摆至右斜上举,手心向外。3 ~4 拍:左右脚依次下板,同时两臂夹手后还原。5 ~8 拍:同 1 ~4 拍动作。

(2) 第二个八拍:1 ~ 拍:左脚上板,同时两手握拳上举,拳心相内。2 ~ 拍:向右转体 90°,左腿屈膝支撑右腿侧吸,同时两手握拳,用车下地到侧屈,向拳心向内。3 ~ 拍:右脚下板,同时双臂同 1 拍动作。4 ~ 拍:向左转体 90°,至左右脚下板还原。5 ~8 拍:同 1 ~4 拍的动作,方向相反。

(3) 第三个八拍:1~4 拍:同第二个八拍 1~4 拍动作。5~8 拍:右脚上板,做并步跳过板,同时两臂体前交叉做大绕环,还原。

(4) 第四个八拍:同第一个八拍,做"V"字形上下板。

(5) 第五、六个八拍同第二、三个八拍动作,方向相反。

(6) 第七个八拍:1~拍:左脚上板,同时两臂肩侧屈,手扶肩。2~拍:左脚屈膝支撑,右腿前吸,同时两臂斜上伸,手心向内。3~拍:右腿下板,同时两臂肩侧屈手扶肩。4~拍:左脚下板。5~8 拍:同 1~4 拍,动作方向相反。

(7) 第八个八拍同第七个八拍动作。

(8) 第九个八拍:1~2 拍:向右转 45°,左脚上板,同时手握拳于腰间,右臂向于腰间,拳心向上。3~拍:向右腿下板,同时两臂动作同 1 拍。4~拍:动作向左转体 45°,左脚下板,5~8 拍:同 1~4 拍,动作方向相反。

(9) 第十个八拍同第九个八拍动作。

(10) 第十一个八拍:1~2 拍:左脚上板屈膝支撑,右腿向上吸腿,同时,两手握拳由下经侧向右摆至右臂侧拳,左臂胸前平屈,拳心向下,一拍下动。3~4 拍:右、左脚依次下板,同时两手握拳经上向左摆至还原。5~8 拍:同 1~4 拍动作,方向相反。

(11) 第十二个八拍同第十一个八拍动作,但第 8 拍时,左侧对横板。

(12) 第十三个八拍:1~拍:左脚上板,同时两臂向前摆动至前平举,手心向上,五指稍分。2~拍:右脚上板并手左脚旁,同时两臂向后摆动,手心向上,五指稍分。3~拍:左脚向左侧下板,同时两臂动作同 1 拍动作。4~拍:右脚下板。5~8 拍:右、左脚依次上板,向右转体 180°,同时两手握拳由下经前向右侧平摆,然后右、左脚依次下板,还原。

(13) 第十四个八拍同第十三个八拍动作。

2. 第二组练习(图 6-10)

准备部分:面对横板,原地踏地,1×8 拍。

(1) 第一个八拍:1~拍:左脚上板,同时两臂胸前平屈。2~拍:左腿屈膝支撑,右腿屈膝向后撩小腿,同时右臂摆至斜上举,左臂摆至斜下举,手心向下。3~拍:右脚下板,同时两臂摆至胸前平屈。4~拍:左脚下板。5~8 拍:同 1~4 拍动作,方向相反。

(2) 第二个八拍同第一个八拍动作。

(3) 第三个八拍:1~拍:向右转体 45°,左脚上板,同时两手握拳至于腰间。2~拍:右腿向前上方大踢腿,同时左臂向前冲拳,拳心向外,右臂不动。3~4 拍:右、左脚依次下板,向左转体 45°。5~8 拍:同 1~4 拍,动作方向相反。

(4) 第四个八拍:1~拍:左脚上板,同时两臂由下向前摆动至前平举,手心向上。2~拍:右脚上板并于左脚旁,同时两臂由前向后摆动。3~拍:左脚下板,同时两臂同 1 拍动作。4~拍:右脚下板。5~8 拍:左、右脚依次上下过板,向右转体 180°,同时两臂伸直向右侧平摆,手心向上,还原。

(5) 第五、六个八拍同第三、四个八拍动作。

(6) 第七个八拍:1~拍:左脚上板,同时右臂上屈手扶肩。2~拍:右脚上板,同时左臂肩上屈,手扶肩。3~拍:左脚向左侧下板,同时右臂摆至斜上举,手心向外。5~8 拍:

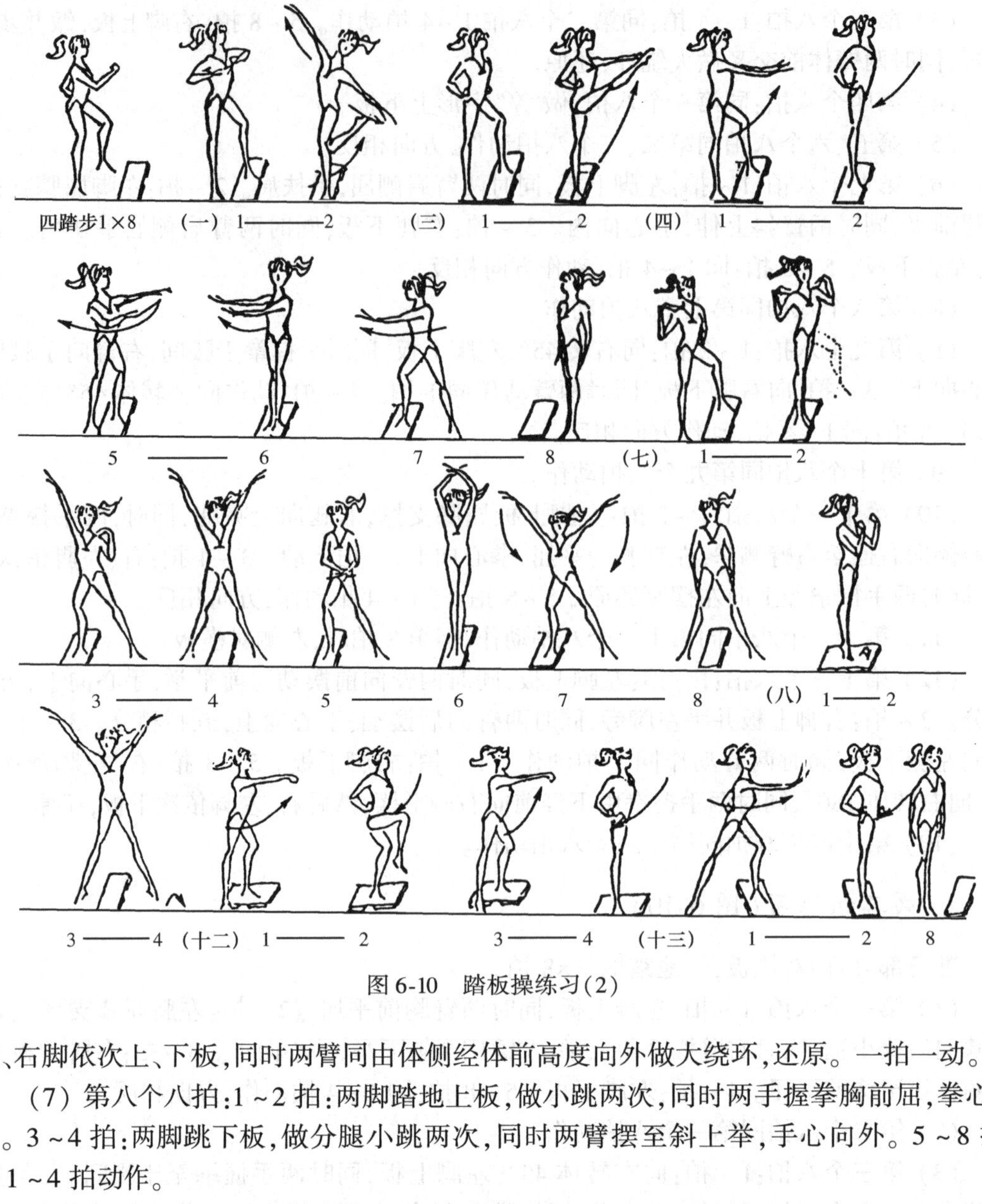

图6-10 踏板操练习(2)

左、右脚依次上、下板,同时两臂同由体侧经体前高度向外做大绕环,还原。一拍一动。

(7) 第八个八拍:1~2 拍:两脚踏地上板,做小跳两次,同时两手握拳胸前屈,拳心向内。3~4 拍:两脚跳下板,做分腿小跳两次,同时两臂摆至斜上举,手心向外。5~8 拍:同 1~4 拍动作。

(8) 第九、十个八拍同第七、八个八拍动作,还原。

(9) 第十一个八拍:1~拍:向左转 45°,左脚上板,同时两手握拳,由下向前摆动至前平举,拳心向下。2~拍:左腿屈膝支撑,右腿前吸,同时两手握拳由前向后摆动,拳心向上。3~拍:左腿屈膝支撑,右腿后伸点地,同时两臂动作同 1 拍动作。4~拍:左脚不动,右脚上板并于左腿旁,两臂动作同 2 拍动作。5~8 拍:同 1~4 拍动作,方向相反。

(10) 第十二个八拍同第十一个八拍动作。

(11) 第十三个八拍:1~拍:向左转体 45°,左腿屈膝支撑,右腿侧伸点地,同时左手握拳于腰间,右手立掌向左侧平摆。2~拍:左腿不动,右腿立于左腿旁,同时右手握拳吸于腰间,拳心向上,左臂不动,3~4 拍:同 1~2 拍动作方向相反。5~8 拍:同 1~4 拍动作。

（12）第十四个八拍同第十三个八拍，但 7 ~ 8 拍时，左、右脚依次下板，还原。

五、哑铃操组合

哑铃健美操是以发展上肢肌肉力量和身体的协调性为主的练习，因此，基本动作同健美操基本动作。但应加强上下肢的配合和单、双臂的交替配合，避免造成肌肉的过度疲劳及紧张。

（一）第一节

预备姿势：分腿开立，两手握哑铃置于体侧。

1. 第一个八拍（图 6-11）

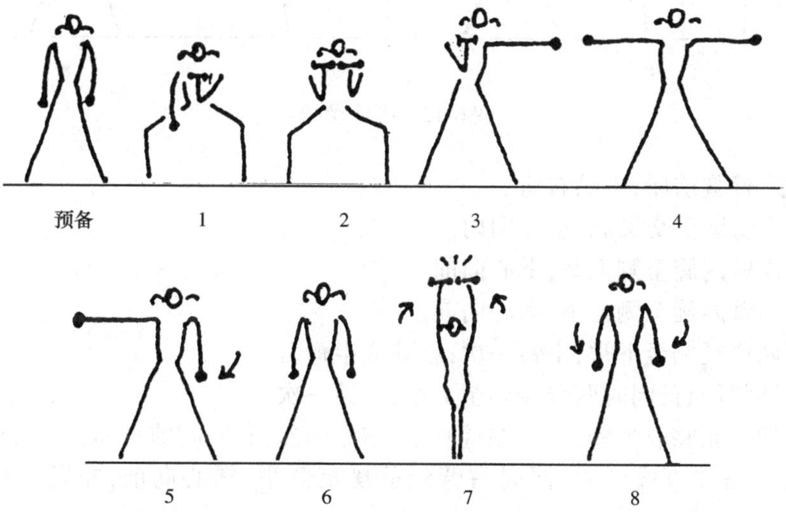

图 6-11　哑铃操(1)

1 ~ 拍：两腿屈膝成关蹲，同时左臂胸前屈，拳心向内，右臂不动。

2 ~ 拍：腿不动，右臂胸前屈，拳心向内。

3 ~ 拍：两腿伸直成开立，同时左臂内旋侧伸至侧举。

4 ~ 拍：同 3 拍动作，但相反。

5 ~ 拍：左臂下举，腿不动。

6 ~ 拍：同 5 拍动作。

7 ~ 拍：左腿并于右腿成蹲立，同时经侧至上举，头上击铃一次。

8 ~ 拍：左侧出一步成开立，同时两臂经侧还原至下举。

2. 第二个八拍(图6-12)

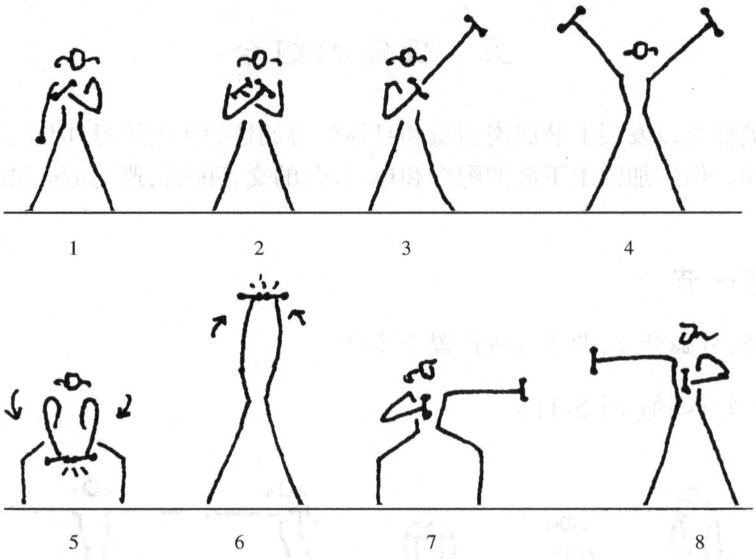

图6-12 哑铃操(2)

1~拍:左臂胸前屈,手贴右肩。

2~拍:右臂胸前交叉屈,拳心向内。

3~拍:左臂内旋至侧上举,拳心向前。

4~拍:右臂内旋至侧上举,拳心向前。

5~拍:两臂经侧至下举,击铃一次,屈膝成半蹲。

6~拍:两腿伸直,同时两臂经侧至上举,击铃一次。

7~拍:两腿屈膝成半蹲,同时左臂侧举,掌心向前,右臂胸前平屈,拳心向内。

8~拍:两腿伸直成开立,同时右臂经前摆至侧举,拳心向前,左臂胸前半屈,拳心向内。

3. 第三个八拍(图6-13)

1~拍:右臂肩上侧屈,拳心向前,左臂不动。

2~拍:左臂内旋前伸至前举,拳心向下,右臂不动。

3~拍:右臂拉至肩上前屈,拳心向内,左臂不动。

4~拍:左臂肩上前屈,拳心向内,两肘相对。

5~拍:两肘上提至胸前平屈。

6~拍:两腿屈膝成半蹲,同时两臂以肘为轴向侧摆至侧举。

7~拍:两腿伸直成开立,同时左臂侧上举,拳心向外,右臂摆至侧下举,拳心向下。

8~拍:侧臂向下摆至侧举,右臂向上摆至侧举,拳心向下。

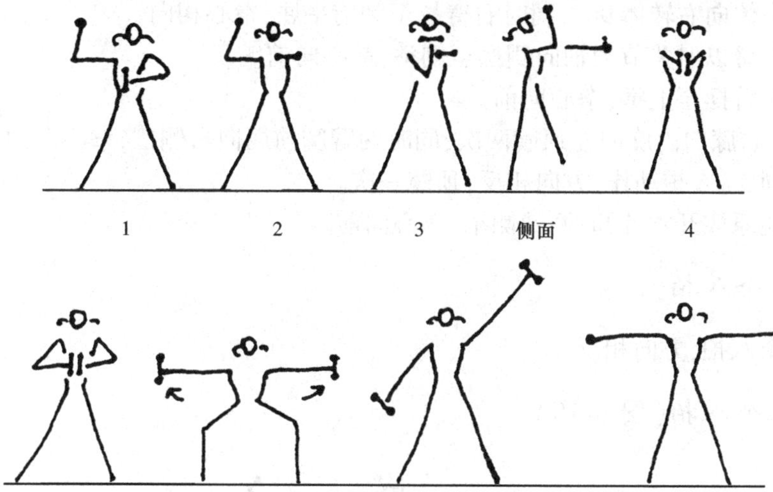

图 6-13　哑铃操(3)

4. 第四个八拍

同第三个八拍,方向相反。

(二) 第二节

1. 第一个八拍(图 6-14)

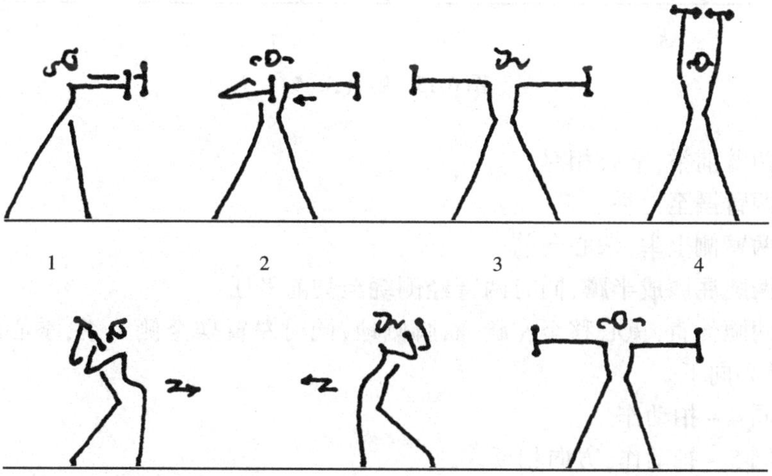

图 6-14　哑铃操(4)

1～拍:身体向左转体 90°,同时右臂摆至左侧举,两手掌心相对。

2 ~ 拍:身体向右转体 90°,同时右臂拉至胸前平屈,拳心相向。

3 ~ 拍:右臂以肘关节为轴向侧摆至侧举,拳心向前。

4 ~ 拍:两臂摆至上举,拳心向前。

5 ~6 拍:右膝向内旋向左顶髋两次,同时两臂胸前屈向右侧摆,拳心向内。

7 ~ 拍:同 5 ~6 拍动作,方向相反,顶髋一次。

8 ~ 拍:还原成开立,同时两臂侧举,拳心向前。

2. 第二个八拍

同第一个八拍,方向相反。

3. 第三个八拍(图 6-15)

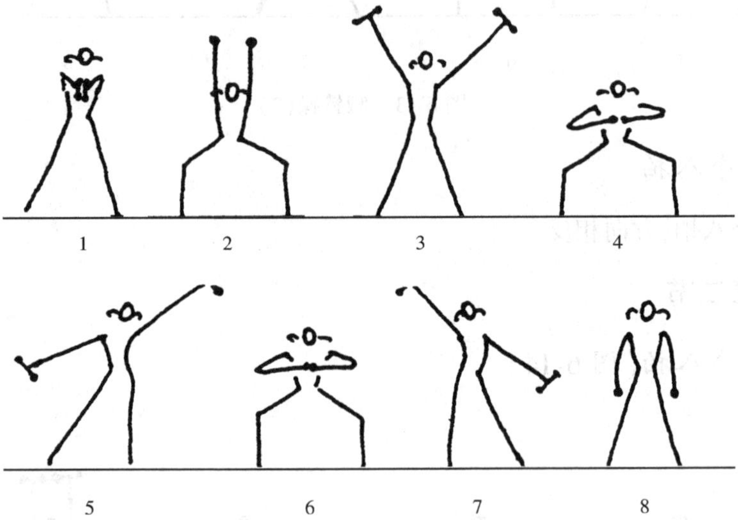

图 6-15 哑铃操(5)

1 ~ 拍:两臂前举,拳心相对。

2 ~ 拍:两臂摆至上举。

3 ~ 拍:两臂侧上举,拳心向前。

4 ~ 拍:两腿屈膝成半蹲,同时两臂经侧绕至胸前平屈。

5 ~ 拍:两腿伸直,重心移至左腿,右脚侧地,同时左臂摆至侧上举,拳心向外,右臂摆至侧下举,拳心向下。

6 ~ 拍:同 4 ~ 拍动作。

7 ~ 拍:同 5 ~ 拍动作,方向相反。

8 ~ 拍:重心移至两腿成开立,同时两臂摆至下举。

4. 第四个八拍(图 6-16)

同第三个八拍动作。

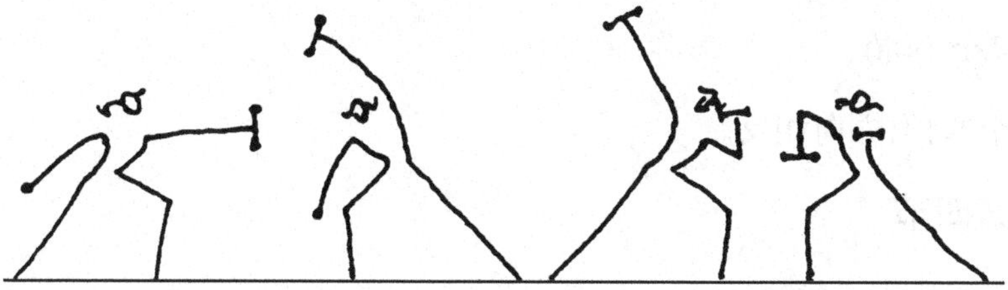

图 6-16　哑铃操(6)

(三)第三节

1. 第一个八拍(图 6-17)

1～2 拍:重心向左侧成侧弓步,同时左臂侧举,拳心向下,右臂不动。

3～4 拍:重心移至右腿成右弓步,同时右臂经上摆至上举,拳心向外,上体右侧倾,右臂不动。

5～6 拍:重心移至左腿成侧弓步,同时左臂拉至肩上侧屈,拳心向外,右臂摆至侧上举,拳心向外,上体左侧倾。

7～8 拍:重心移至右腿成侧弓步,同时右臂摆至胸平屈,左臂内旋前伸至前举,拳心向下。

2. 第二个八拍(图 6-17)

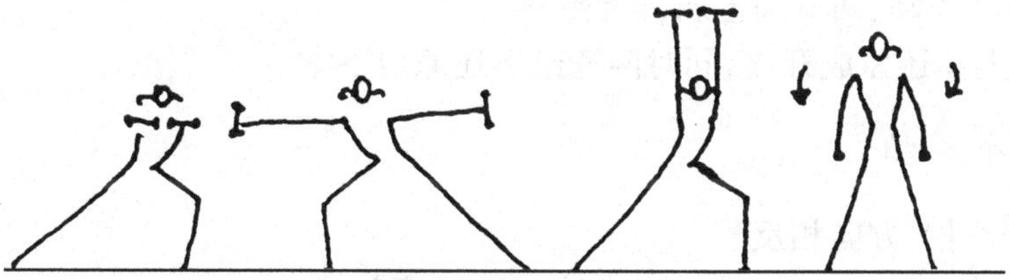

图 6-17　哑铃操(7)

1～2 拍:重心移至右脚成侧弓步,同时两臂前举,掌心相对。

3～4 拍:重心移至右腿成侧弓步,同时两臂外旋侧摆振胸一次至侧举,拳心向前。

5～6 拍:重心移至左腿成侧弓步,同时两臂向上摆至上举,拳心向前。

7～8 拍:重心移至两腿,成分腿开立,同时两臂经侧还原下举。

3. 第三个八拍

同第一个八拍,方向相反。

4. 第四个八拍

同第二个八拍,方向相反。

(四) 第四节

1. 第一个八拍(图 6-18)

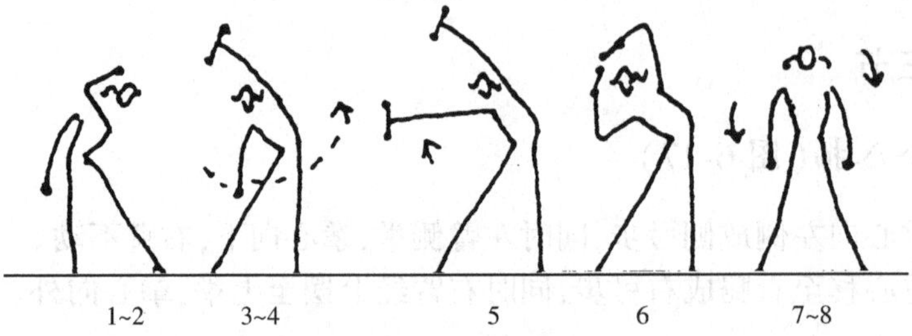

图 6-18 哑铃操(8)

1~2 拍:重心移至右腿,左脚侧点地,同时左臂肩上前屈向右侧上方摆,身体左侧屈,右臂不动。

3~4 拍:重心移至左腿,右脚侧点地,同时左臂伸直经下绕至上举,拳心向内,上体右侧屈,左臂不动。

5~拍:身体不动,右臂侧举,拳心向前。

6~拍:身体不动,两臂头上屈,击铃一次。

7~8 拍:上体还原成开立,同时两臂经侧还原成下举。

2. 第二个八拍

同第一个八拍,方向相反。

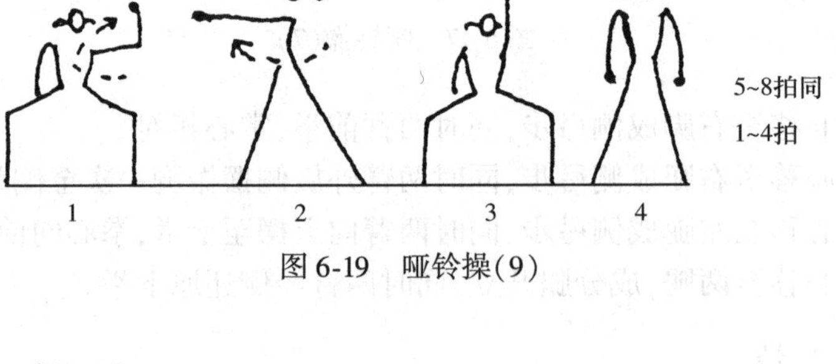

图 6-19 哑铃操(9)

3. 第三个八拍(图 6-19)

1~拍:两腿屈膝成半蹲,同时左臂向右绕至肩上侧屈,拳心向内。

2~拍:两腿伸直成开立,同时向右转体 90°,左臂向前冲拳,拳心向下,右臂不动。

3~拍:向右转体 90°,同时两腿屈膝成半蹲,左臂向上摆至上举,拳心向前。

4～拍:两腿伸直,同时左臂经侧还原成下举。

5～8拍:同1～4拍动作,方向相反。

4. 第四个八拍(图6-20)

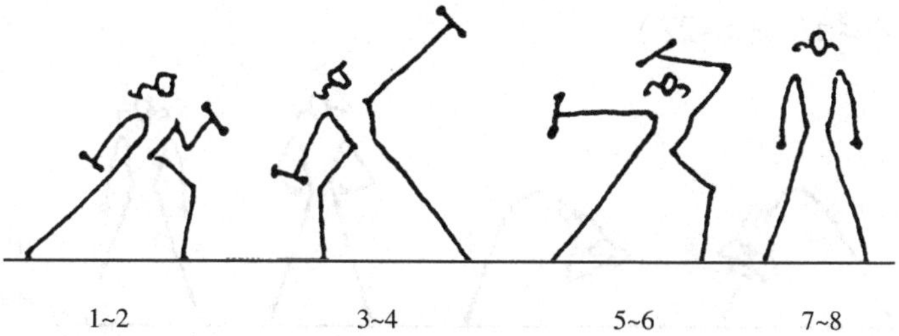

图6-20　哑铃操(10)

1～拍:重心移至左腿成侧弓步,同时左臂肩侧举,拳心向内。

2～拍:重心移至右腿成侧弓步,同时左臂伸至侧上举,拳心向外,上体右侧屈。

3～拍:重心移至左腿成弓步,同时左臂头后屈,拳心相内,右臂侧举,拳心向前。

4～拍:重心移至两腿成开立,同时两臂经侧还原至下举。

5～8拍:同1～4拍动作,方向相反。

(五) 第五节

1. 第1个八拍(图6-21)

图6-21　哑铃操(11)

1～拍:将重心移至左腿,成侧弓步,同时左臂肩上侧屈,拳心相内,右臂摆至左前下举。

2～拍:重心移至两腿开立,同时右臂拉至肩上侧屈,拳心相对。

3～4拍:同1～2拍,方向相反。

5～拍:上体前屈,同时两臂伸至侧举,拳心向下,抬头挺胸。

6～拍:上体抬起,同时两臂摆至体前交叉,拳心向内。

7～拍:同5拍动作。

8～拍:还原成开立,同时两臂下举。

2. 第二个八拍(图6-22)

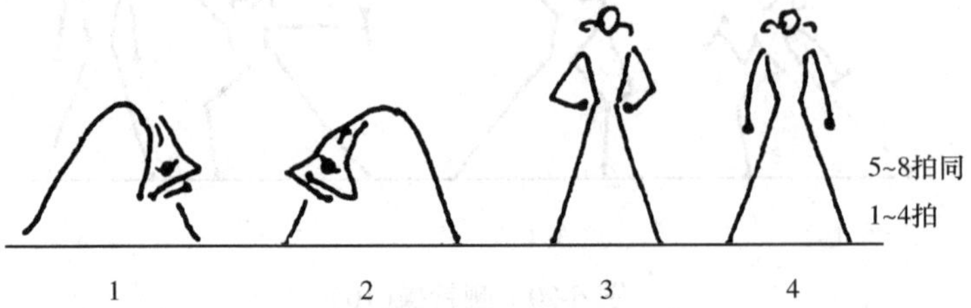

图6-22 哑铃操(12)

1～拍:上体左前侧屈,同时两臂上举屈臂,拳心向下。

2～拍:上体移至右前侧屈,手臂同1拍动作。

3～拍:上体抬起,同时两臂腰侧屈,拳心向上。

4～拍:同预备姿势。

5～8拍:同1～4拍动作。

3. 第三个八拍(图6-23)

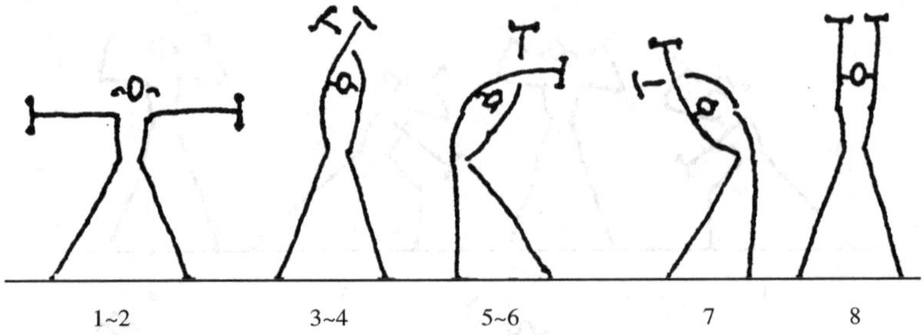

图6-23 哑铃操(13)

1～2拍:两臂侧举,拳心向前。

3～4拍:两臂上举交叉,右臂在前。

5～6拍:重心移至右腿,左脚尖点地,同时上体左侧屈,手臂保持不动。

7～拍:重心移至左腿,左脚尖侧点地,同时上体右侧屈,手臂保持不动。

8～拍:上体还原,同时两臂上举,拳心向前。

4. 第四个八拍同第三个八拍,方向相反。

(六) 第六节

1. 第一个八拍(图 6-24)

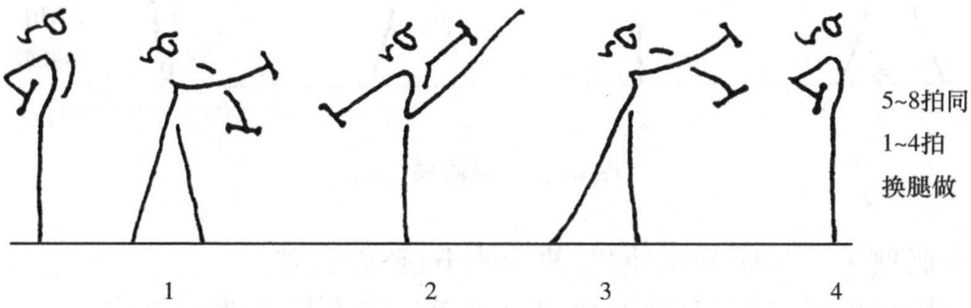

图 6-24　哑铃操(14)

1~拍:左脚向前一步,右脚后点地,同时两臂向前冲拳至交叉前举,右臂在上,拳心向下。

2~拍:左腿支撑,右腿前踢,同时两臂侧举后振,掌心向前。

3~拍:同 1 拍动作。

4~拍:左脚并于右脚成直立,同时两臂置于腰际,拳心向上。

5~8 拍:同 1~4 拍,方向相反。

2. 第二个八拍(图 6-25)

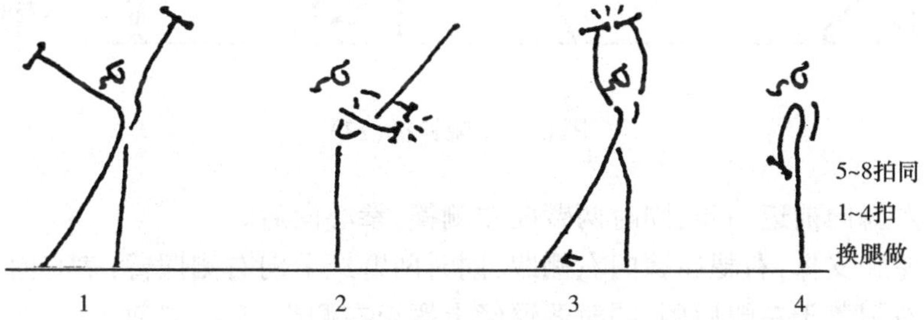

图 6-25　哑铃操(15)

1~拍:左脚前出一步,右脚后点地,同时两臂经前摆至侧上举,拳心向内。

2~拍:左腿支撑,前踢后腿,同时两臂摆至前下举,腿下击铃。

3~拍:右腿后迈一步,同时两臂经侧摆至上举,击铃一次。

4~拍:左腿并于右腿成并立,同时两臂经侧还原成下举。

5~8 拍:同 1~4 拍,方向相反。

3. 第三个八拍(图 6-26)

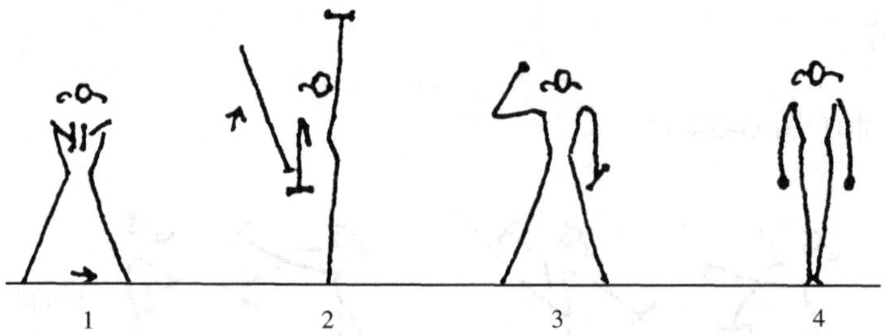

图 6-26 哑铃操(16)

1~拍:左脚侧出一步成开立,同时两臂前举,拳心相对。

2~拍:右脚向侧踢,同时左臂上举,拳心向前,右臂下举,拳心向内。

3~拍:右腿侧迈一步,同时右臂肩上侧屈,拳心向前,左臂经前摆至体侧,拳心向内。

4~拍:左腿并于右腿成并立,同时两臂还原成下举。

5~8 拍:同 1~4 拍,方向相反。

4. 第四个八拍(图 6-27)

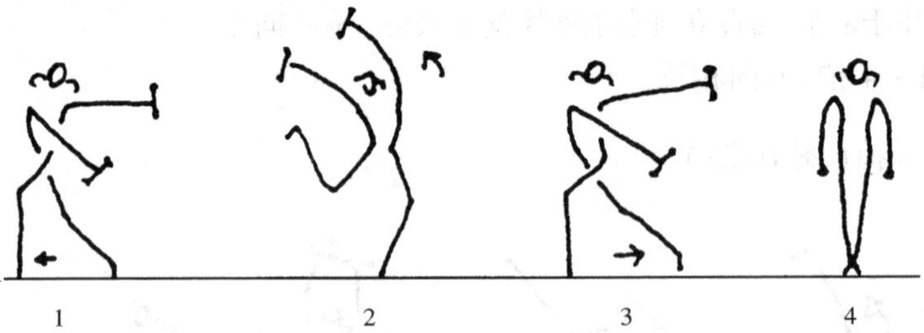

图 6-27 哑铃操(17)

1~拍:左脚向前迈一步,同时两臂向左侧摆,拳心向后。

2~拍:左腿支撑,右腿屈膝向右侧踢,同时两臂经上向右侧摆臂,拳心向前。

3~拍:右腿落于左腿后侧,同时两臂经上摆至左侧举,拳心向前。

4~拍:左脚并于右脚成并立,同时两臂还原至下举。

5~8 拍:同 1~4 拍,换腿做。

(七) 第七节

1. 第一个八拍(图 6-28)

1~2 拍:左脚向侧一步,同时右腿向右屈扣顶左髋,弹振两次,左臂肩侧屈,拳心向内,右臂伸至上举,拳心向内。

3~4 拍:同 1~2 拍,但动作相反。

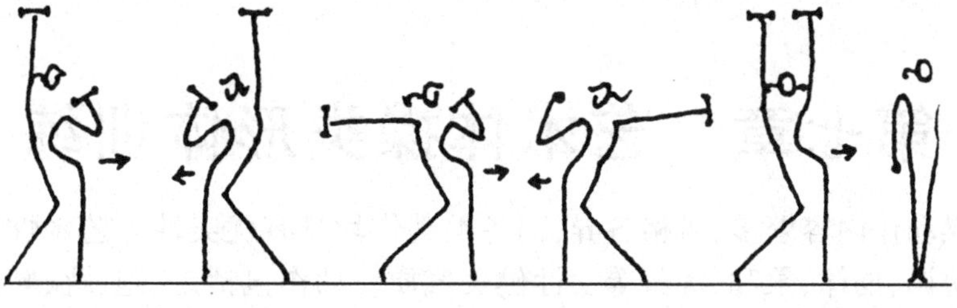

图 6-28　哑铃操(18)

5～拍:同 1～2 动作,惟右臂摆至侧举,拳心向前。
6～拍:同 5 拍动作,惟右臂,但动作相反。
7～拍:向左顶髋,同时两臂上举,拳心向前。
8～拍:左脚并于右脚成并立,同时两臂经侧摆至下举。

2. 第二个八拍

同第一个八拍。

3. 第三个八拍(图 6-29)

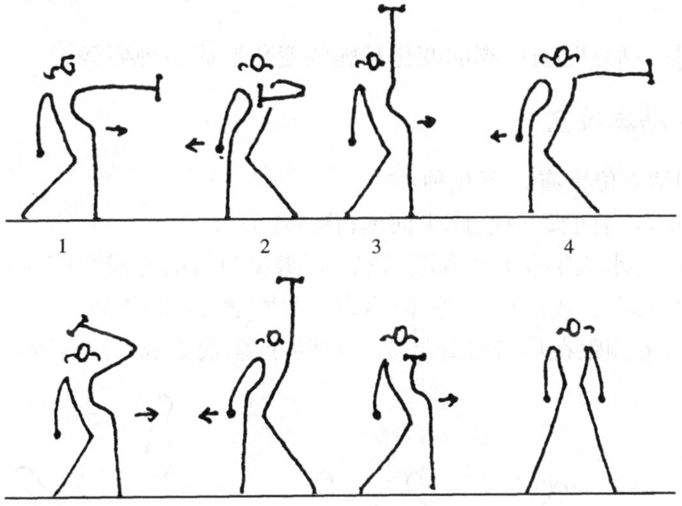

图 6-29　哑铃操(19)

1～拍:左脚向侧一步,向左顶髋,同时左臂侧举,拳心向前。
2～拍:向右顶髋,同时左臂摆至胸前平屈,拳心向内。
3～拍:向左顶髋,同时左臂上举,拳心向前。
4～拍:向右顶髋,同时左臂则举,拳心向前。
5～拍:向左顶髋,同时左臂头后屈,拳心向前。
6～拍:向右顶髋,同时左臂伸直上举,拳心向前。
7～拍:向左顶髋,同时两臂前举,拳心向下。
8～拍:重心移至两腿成开立,同时左臂摆至上举。

第七章　艺术体操类形体训练

艺术体操动作内容繁多,风格各异,而各类动作均具有优美性和艺术性的特征,并充分地展现出协调、韵律、柔和、优雅等女性健美气质。动作包括走、跑、跳、转体、平衡和身体各部位的摆动、绕环、屈伸、波浪等徒手练习,以及手持绳、圈、球、火棒、彩带、纱巾等各种轻器械的练习。通过这些练习,全身的各个关节都能得到充分的活动,各部位的肌肉都能得到均衡发展,对身体的全面发展能起到良好的作用。它不仅能发展柔韧、力量、协调、灵巧等身体素质,锻炼健美体态和培养良好的身体姿态,而且还可以培养节奏感、优美感、提高音乐素养和表现力。是女子培养优美形体的最佳练习手段。在形体训练中主要利用艺术体操的基本动作、基本步伐、基本舞步和徒手练习达到修饰形体的目的。

第一节　艺术体操的基本动作

一、基本站立姿态

【动作要领】　站立时通过脚的变化和腿的变化形成多种姿势。

(一) 脚的基本位置

常用的两脚站立位置有以下几种:

(1) 并步(正步):两脚并拢,脚尖向前(图 7-1①)。

(2) 自然站立(小八字立):两脚跟靠拢,两脚尖向斜前方成“八”字形(图 7-1②)。

(3) 开立:两脚左右或前后分开(同肩宽)站立(图 7-1③④)。

(4) 丁字步:前脚跟在后脚弓处站立,两脚尖向斜前方成“丁”字形(图 7-1⑤)。

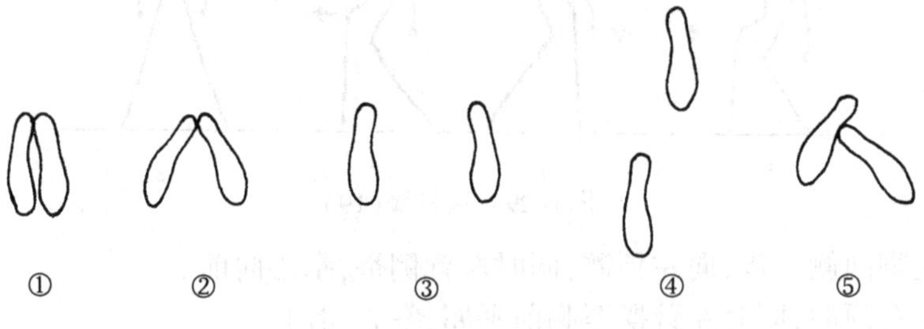

图 7-1　脚的基本位置

(二) 站立姿势

两脚在任一位置上以全脚掌或前脚掌、脚尖、脚跟等不同部位支撑地面,两腿伸直或弯曲形成各种姿势。

(1) 直立:两腿伸直并拢,全脚掌着地,重心在两脚间(图 7-2①)。

（2）起踵立：以前脚掌支撑地面，脚跟向上抬起，使脚面与小腿在一条垂线上（图7-2②）。

（3）点地立：一腿直立或稍屈膝，另一腿脚面绷直以脚尖在前（侧、后）方点地（或勾脚面以脚跟点地），重心在支撑腿上（图7-2③）。

图7-2　站立姿势

（4）蹲立：屈膝站立，稍屈膝为半蹲（图7-3①）。屈膝角度小于90°为全蹲（图7-3②）。

（5）弓步：是一腿屈膝、另一腿伸直的姿势，有前弓步、侧弓步、后弓步（图7-3③）。

图7-3　蹲立

【动作要领】

（1）站立时两脚位置准确，两腿和臀部肌肉向身体中线方向收紧，紧腹收臀、挺胸夹背、立腰、两肩下沉、头正直，保持稳定的重心和挺拔的姿势。

（2）起踵立时前脚掌支撑，脚趾用力向下踩地，内踝顶直，使脚跟高高抬起。

（3）点地立注意整个腿外旋，脚面充分绷直，以脚尖或脚跟点地（图7-3）。

（4）蹲立时膝部和臀部肌肉收紧，屈而不懈，具有弹性。

（5）弓步，重心在两腿间偏屈膝腿一侧，保持一腿屈、另一腿伸直的姿态。

【教学步骤】

（1）扶把练习，体会正确姿势。

（2）离把练习脚的基本位置，结合手臂动作。

（3）离把练习各种站立姿势，结合简单的手臂动作，每个姿势保持4~6拍。

（4）进行站立姿态的组合练习。

二、手臂基本姿态

(一) 手形和臂形

在大众艺术体操动作中,手臂可保持伸展、弧形或屈臂的形状。手的基本形状是手指并拢,拇指与中指向里合。当手臂伸展时手指和手腕随之伸展,在手背处呈反弓形(图7-4①)。当手臂成弧形时,手指、手腕放松(稍屈),使整个手臂从肩至手指尖成一柔和的弧线(图7-4②)。

① ②

图7-4 手形

手形随手臂姿态而灵活变换,在某些具有特殊风格的动作中,手掌伸展成五指分开或屈成半握拳的形状。

(二) 常用的手臂基本位置

(1) 两臂正方向的举(图7-5):两臂伸直前举(稍低于肩),两臂上举(垂直),两臂侧举(同肩高、稍向后伸展)。

图7-5 两臂正方向的举

(2) 两臂中间方向和斜方向举(图7-6):两臂伸直举至两个正方向之间45°所对的方向,有前上举、前下举、侧上举、侧下举等,两臂可同高或稍交错(图7-6)。两臂举至两个中间方向之间45°的位置如前斜上举、后斜上举、前斜下举、后斜下举。

图7-6 两臂中间方向和斜方向的举

（3）两臂不同方向的举：两臂在不同的正方向，例如：一臂上举，另一臂前举（图7-7①）；一臂上举，另一臂侧举（图7-7②）；一臂前举，另一臂侧举（图7-7③）；一臂前举，另一臂后举（图7-7④）。

图7-7 两臂不同方向的举

两臂在不同的中间方向，例如一臂前上举，另一臂侧后举（图7-8①）；一臂侧上举，另一臂侧下举（图7-8②）；一臂后上举，另一臂前下举（图7-8③）。

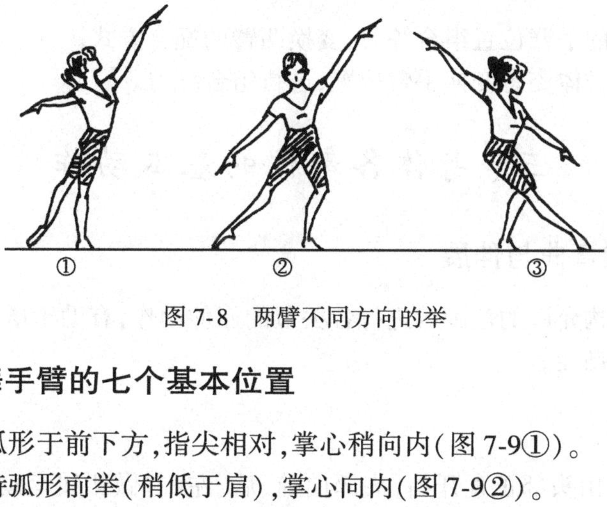

图7-8 两臂不同方向的举

（三）芭蕾舞手臂的七个基本位置

一位：两臂成弧形于前下方，指尖相对，掌心稍向内（图7-9①）。
二位：两臂保持弧形前举（稍低于肩），掌心向内（图7-9②）。
三位：两臂保持弧形上举（食指对眉梢），掌心向内（图7-9③）。
四位：一臂三位，另一臂保持在二位（图7-9④）。

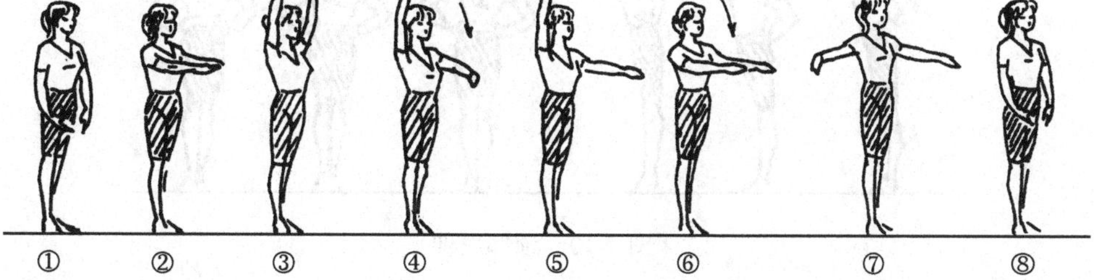

图7-9 芭蕾舞手臂的基本位置

五位：一臂在三位，另一臂保持弧形侧举，掌心向前下方（图 7-9⑤）。

六位：一臂在二位，另一臂保持弧形侧举，掌心向前下方（图 7-9⑥）。

七位：两臂保持弧形侧举，掌心向前下方，肘稍向上抬（图 7-9⑦）。

【动作要领】

（1）手臂向上举起时，以上臂带动前臂，肩关节放松，肩带下沉（腋窝空），下颏随手移动，全身协调配合。

（2）手形随臂形变化，当手臂伸直时手腕、手指随之伸展，尽量向远伸。当手臂成弧形时，手指、手腕随之放松（稍屈）呈圆滑的弧线，肘部向远顶，使手臂幅度增大，刚柔并存。

（3）两臂分别向前、后举起时，以身体中线为轴，两肩随手臂向前、后转动，使两臂举在前后方向上，成一条直线。

（4）手臂由上向下时，上臂、前臂、手依次下落。

【教学步骤】

（1）练习手臂向各种方向的举起、落下动作，体会正确位置和用力方法，达到动作部位准确、幅度大。

（2）进行简单的手臂位置组合练习，变换两臂的配合方式。

（3）结合不同身体姿态变换手臂位置，进行组合练习。

三、身体各部位的基本动作

（一）关节的弯曲与伸展

在人体解剖结构允许的范围内进行各关节的屈伸动作，有助于增大关节活动范围，增强肌肉的弹性和柔韧性。

1. 颈部屈伸

【动作做法】 由头部正直开始，头部向前、后、左、右做弧线运动，颈部放松拉长，随头的运动做颈前屈（低头）、颈后屈（抬头）和颈侧屈（偏头）动作（图 7-10）。

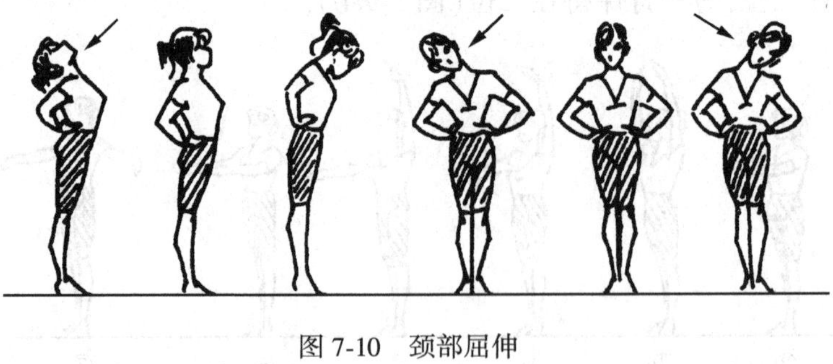

图 7-10 颈部屈伸

【动作要领】 颈部放松，头顶画大弧，两肩下沉，两眼平视，胸部动作协调配合。

【教学步骤】

（1）慢节奏体会头部运动的方向、颈部拉长的感觉。

（2）改变颈部屈伸的节奏。

（3）颈部屈伸结合头部绕和绕环练习。

（4）结合各类身体动作练习低头、抬头、转头以及屈、转相结合动作。

2. 上肢屈伸

【动作做法】

（1）手屈伸：手指和手腕各关节弯曲成拳、伸展成五指分开的掌。

（2）臂屈伸：手臂经屈臂姿势向前、上、侧、下等任何一方向伸展成直臂姿势。

【动作要领】

（1）手屈伸成五指分开的掌形时，掌面及手腕应一个平面上，动作快速、准确而有力。

（2）屈伸动作中关节的弯曲只是过渡，不可停顿，屈伸动作要连贯、流畅而自然。

【教学步骤】

（1）放慢节奏体会动作过程及细节。

（2）完整动作练习。

（3）结合下肢及躯干的屈伸练习上肢屈伸。

3. 下肢屈伸

【动作做法】　下肢各关节同时弯曲、伸展，也可依次弯曲、伸展。各部分动作如下：

（1）勾脚与绷脚：脚趾和踝关节跖屈为绷脚，背屈为勾脚。

（2）屈腿与伸腿：支撑腿和摆动腿都可做屈与伸的动作，髋关节和膝关节共同参与腿的屈与伸。

（3）移重心；在站立的状态下，由点地立开始经过支撑腿弯曲、两腿屈，使重心移动到另一腿。可前后移重心（图 7-11①）、左右移重心（图 7-11②）。

图 7-11　移重心

【动作要领】

（1）勾脚时脚背尽量弯曲，绷脚时脚掌屈肌强力收缩，使脚趾、脚面与小腿在一个平面上。

（2）腿屈伸时相应的屈肌和伸肌收缩，使腿弯曲时大小腿叠拢，伸展时成一条直线。

（3）移重心动作必须使身体重心从一腿经两腿移至另一腿，动作流畅、幅度大。

【教学步骤】

（1）垫上练习勾脚、绷脚和腿的屈伸。

（2）扶把杆（或椅背）练习勾脚、绷脚及腿屈伸。

（3）扶把杆练习移重心动作。

（4）两手叉腰或配合手臂摆练习移重心动作。

4. 躯干弯曲

【动作做法】 在站立、坐、卧、跪立等支撑条件下，躯干各关节协同一致地向前、后、侧弯曲，形成上体前屈、后屈、侧屈动作（图 7-12）。

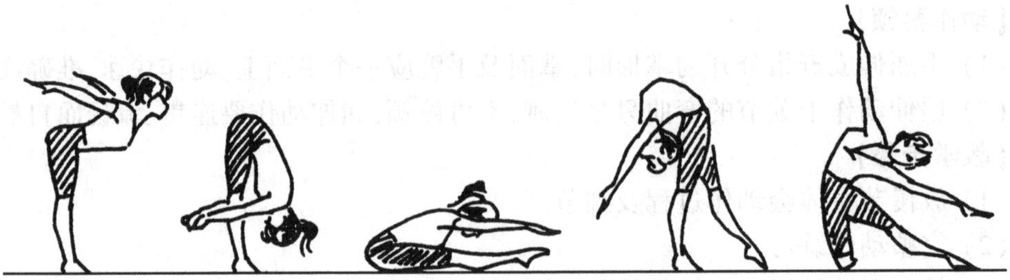

图 7-12　躯干弯曲

【动作要领】 下肢保持稳定的支撑，头部牵引躯干各关节先拉长再弯曲，同侧的躯干肌肉收缩增加弯曲幅度，异侧肌肉放松拉长。手臂动作协调配合。

【教学步骤】

（1）在坐、卧、撑条件下练习躯干弯曲。

（2）扶把练习躯干弯曲，幅度由小到大，速度由慢到快。

（3）分腿站立练习躯干弯曲。

（4）改变支撑条件或结合其他类型的身体动作练习躯干弯曲。

（二）腿的弹动

下肢的弹性屈伸有助于发展力量和动作的弹性。有屈膝弹动、起踵弹动和弹腿动作。

【动作做法】

（1）屈膝弹动：由站立开始，有节奏地做膝部的屈和伸的连续动作，节奏可快可慢（图 7-13①）。

（2）起踵弹动：由起立开始，有节奏地做脚跟下压和起踵的连续动作，节奏可快可慢（图 7-13②）。

（3）弹腿：一腿站立，另一腿经屈膝举起，向前（侧、后）伸腿的连续动作（图 7-14）。

【动作要领】 弹腿时保持稳定的重心，腿被动弯曲、主动伸展，屈伸动作连贯。

【教学步骤】

（1）由扶把练习过渡到两手叉腰练习屈膝弹动和起踵弹动。

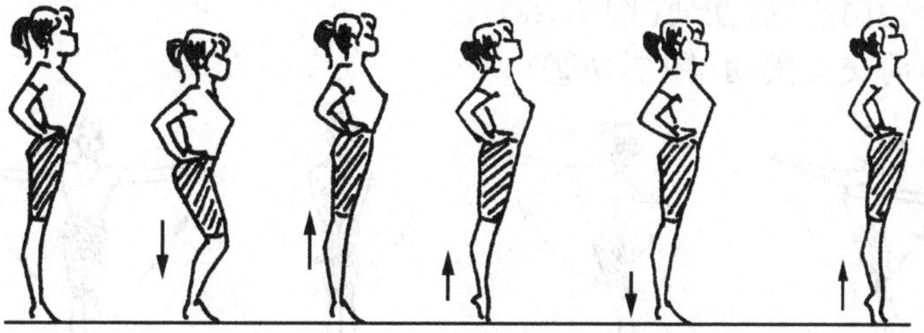

图 7-13　屈膝弹动和起踵弹动

图 7-14　弹腿

（2）在坐、卧条件下练习弹腿。
（3）站立练习弹腿。
（4）单脚站立，练习起踵弹动和屈膝弹动。

（三）摆动

摆动动作是肢体以相邻关节为轴所做的钟摆式或挥摆式的弧形动作。有手臂摆动、腿的摆动和上体摆动。

1. 手臂摆动

【动作做法】　手臂以肩为轴摆动，两臂向同一方向或不同方向、同时或依次进行摆动。

（1）两臂同时向前、向后摆动（图 7-15①）。
（2）两臂同时向左、向右摆动（图 7-15②）。

图 7-15　手臂摆动

（3）两臂分别向前、后摆动(图 7-16①)。

（4）两臂体前交叉摆动(图 7-16②)。

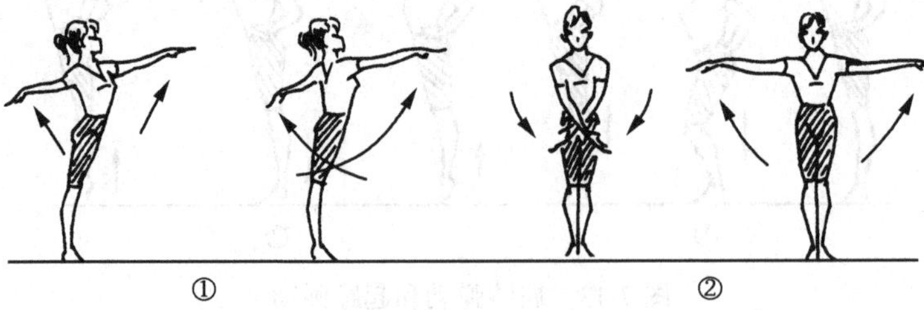

图 7-16　手臂摆动

【动作要领】 摆臂时肩带放松下沉,手臂以肩带肘、肘带手向远摆动。动作自然、松弛、身体协调配合。

【教学步骤】

（1）原地练习各种摆臂动作。

（2）结合屈膝弹动、移重心等动作练习摆臂。

2. 腿的摆动

【动作做法】 腿以髋关节为轴,向前、后、侧各方向摆起,有自然摆(钟摆式)和快速有力地踢腿。

（1）腿伸直或屈膝向前、后摆动(图 7-17)。

图 7-17　腿前、后摆动

（2）腿伸直或屈膝向左、右摆动(图 7-18)。

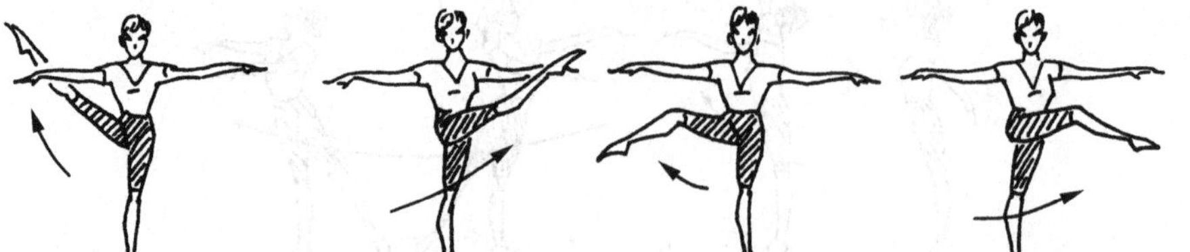

图 7-18　腿左、右摆动

【动作要领】 摆动腿髋关节放松,保持绷直或屈膝姿态向远摆,支撑腿脚掌扒地,向上顶直,固定髋部,保持稳定和重心。腿上摆时同侧腰腹部肌肉用力(前摆腹肌收紧,侧摆腰侧肌群收紧,后摆背部肌肉收紧)。摆腿动作要做到上摆快、落下轻、方向正。

【教学步骤】

(1) 扶把练习摆腿动作,体会正确技术。

(2) 行进间踢腿,可走 3 步踢 1 次或上 1 步踢 1 次。

(3) 在练习踢腿的同时,要进行腿的柔韧性练习,做压腿、扳腿、耗腿等动作,提高腿的柔韧性,增加踢腿高度。

3. 躯干摆动

【动作要领】 以腰为轴,上体向前、后或左、右摆动。

(1)躯干前、后摆动(图 7-19)。

图 7-19　躯干前、后摆动

【预备姿态】 两脚开立,两臂后下举。

上体挺胸向前下摆至体前屈,两臂下摆,接着上体含胸弓背向上起至直立,两臂经前至上举。上体向后下方摆到至体后屈,两臂经上向侧后下方打开,接着立腰还原成直立。

(2) 躯干左、右摆动(图 7-20)。

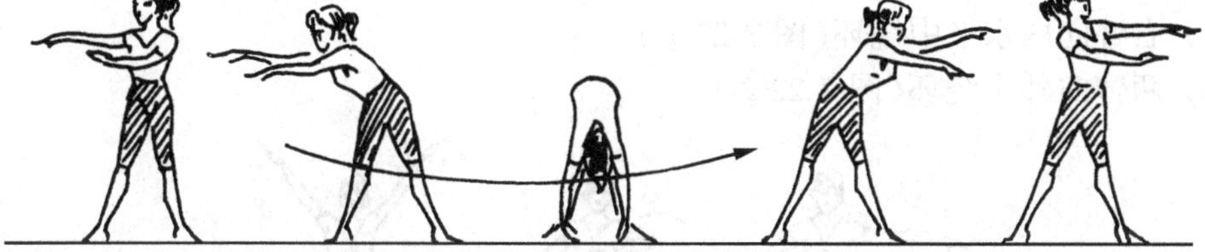

图 7-20　躯干左、右摆动

【预备姿态】 两脚开立,两臂右侧举。

上体向右下经体前屈摆至左侧,上体还原成直立,同时两臂随上体摆至左侧举,接着由左向右摆动,还原成预备姿势。

【动作要领】 两腿保持稳定的重心,上体放松拉长向远伸,快速向下摆,借助反弹动能上摆。整个动作放松、协调、幅度大。

【教学步骤】

(1) 练习上体前、后、侧屈动作,增加躯干灵活性。

(2) 练习小幅度、慢速度的躯干摆动。

(3) 加快摆动速度,加大摆动幅度。

(4) 改变支撑条件和手臂动作练习躯干摆动。

(四) 绕和绕环

身体某一部位以相邻关节为轴做移动范围在 180°~360°或 360°以上的绕和绕环。

1. 手臂绕环

【动作做法】 两臂以肩、肘、腕为轴,同方向或不同方向,同时或依次进行大、中、小绕环。由站立、两臂体侧下垂开始:

(1) 两臂经前上向后绕环(图 7-21①)。

(2) 两臂经后上向前绕环(图 7-21②)。

(3) 两臂经体前交叉向外绕环(图 7-21③)。

(4) 两臂经头上交叉向内绕环(图 7-21④)。

(5) 两臂经右上向左绕环(图 7-21⑤)。

(6) 两臂反向前、后绕环(图 7-21⑥)。

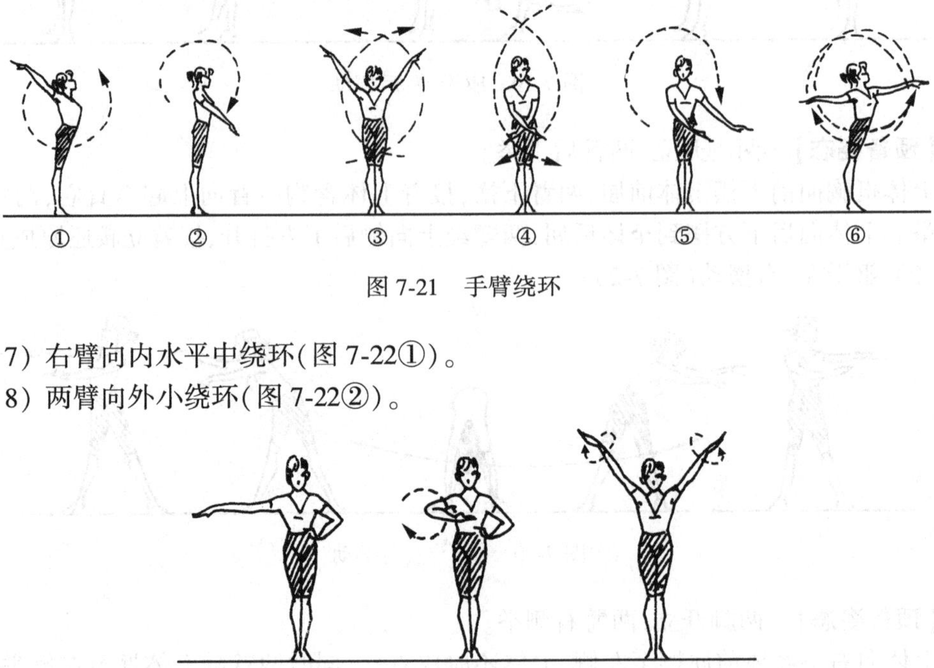

图 7-21 手臂绕环

(7) 右臂向内水平中绕环(图 7-22①)。

(8) 两臂向外小绕环(图 7-22②)。

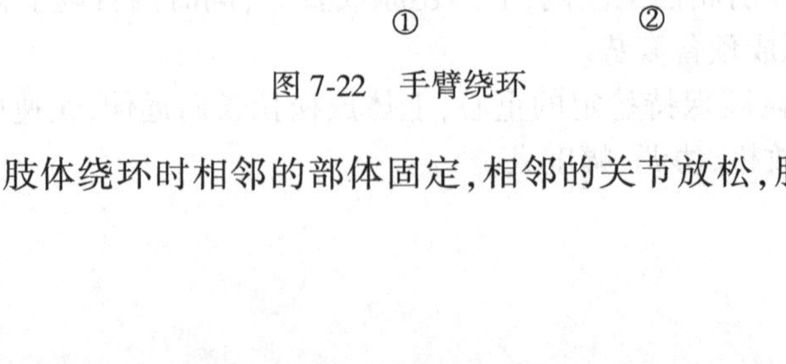

图 7-22 手臂绕环

【动作要领】 肢体绕环时相邻的部体固定,相邻的关节放松,肢体伸展,远端画大弧。配合绕环肢体做相应的内旋和外旋。

【教学步骤】

(1) 做肩带和手腕柔韧性练习,以增大关节灵活性。

(2) 放慢速度练习手臂绕环,以体会正确的路线。逐步加快动作速度。

(3) 结合各种身体动作练习手臂绕环。

2. 腿部绕环

【动作做法】 一般以髋、膝、踝为轴,配合脚、腿的内外旋转做绕环动作。

(1) 单脚站立,另一腿伸直,脚尖在地上或空中由前(后)经侧向后(前)画半圆或圆形(图 7-23①)。

(2) 坐、仰卧或站立,一腿屈膝前举或侧举,大腿固定,以膝关节为轴,脚尖在空中画圆,配合腿向内外的旋转(图 7-23②)。

(3) 坐、卧或站立,一腿举起,以踝关节为轴,脚尖画小圆(图 7-23③)。

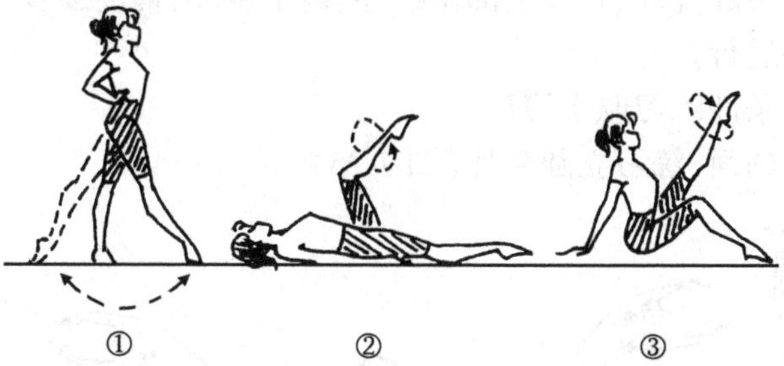

图 7-23　腿部绕环

【动作要领】 腿绕环时支撑部位固定,为轴的关节放松,绕环中配合腿向内、外的转动,脚尖尽量画大圆。

【教学步骤】

(1) 进行腿的柔韧性练习以及摆腿动作练习,增加关节的灵活性。

(2) 由坐、卧开始练习腿的绕和绕环,先做单腿绕,再做双腿绕,逐步改变支撑条件,增加动作幅度和难度。

3. 躯干绕环

【动作做法】 躯干绕环是上体弯曲的联合动作,如上体水平绕环。

【预备姿态】 两脚开立,两臂右侧举。

上体向前下由上体前屈向左经左侧屈、后屈、右侧屈向前屈绕环一周,还原直立(图 7-24)。

【动作要领】 上体在一个水平面绕环,下肢有力地支撑。两臂在绕摆中向远伸牵引上体绕动,肩部保持在同一个高度,躯干肌肉随各方向的屈体动作紧张与放松协调配合,绕环中保持挺胸、抬头、肩充分伸展。

【教学步骤】

(1) 练习躯干向各方向的摆和弯曲动作。

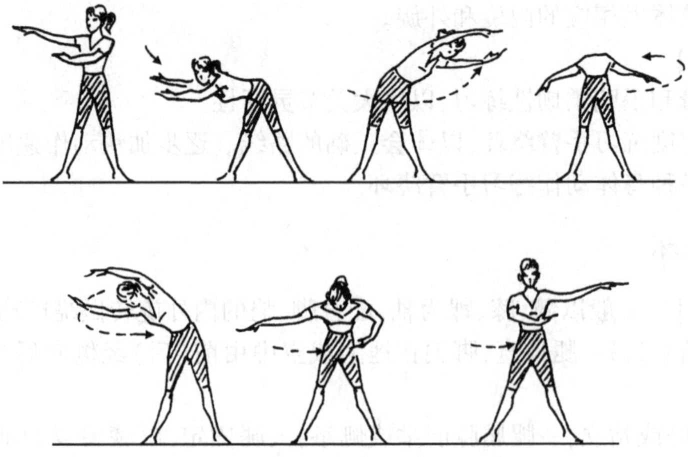

图 7-24　躯干绕环

(2) 依次练习头部绕环、胸以上部位绕环、躯干绕环，幅度逐步增大，速度由慢逐步加快。左右两面交替进行。

(3) 改变支撑条件练习躯干绕环。

(4) 改变绕环的面，练习立圆绕环(图 7-25)。

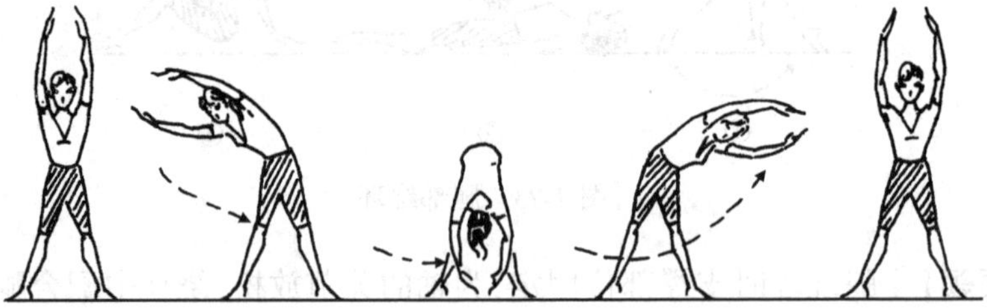

图 7-25　立圆绕环

(五) 波浪动作

波浪动作是艺术体操的典型动作，可发展身体的柔韧、灵活及协调运动的能力。有手臂波浪、躯干波浪和全身波浪。

1. 手臂波浪

【动作做法】 以左臂向前波浪为例。

左肩向前转动，以左肩向上带动上臂、前臂、手腕、手指依次向上移动，肩、肘、腕、指关节依次弯曲，并随之依次向下伸展。在波浪过程中形成屈肘伸腕和伸肘屈腕的反向弯曲姿态(图 7-26)。手臂波浪动作幅度可大可小，可在不同位置、向不同方向进行，两臂可同时或依次进行，可同方向或相反方向进行。

【动作要领】 各关节弯曲与伸展要依次、连贯地进行，由近侧端开始发力，向远端传递形成浪峰推移。在手臂波浪中肘关节随手臂上下摆动而转动。

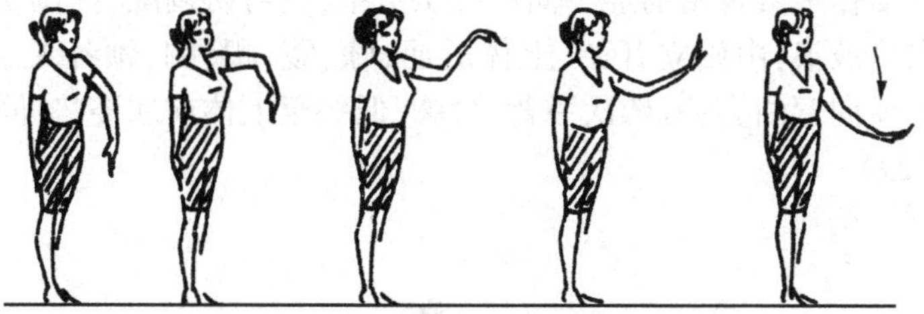

图 7-26 手臂波浪

【教学步骤】

（1）练习手指、手腕的小波浪动作。

（2）分解练习提肘压腕，沉肘提腕反向弯曲的动作。

（3）完整练习手臂波浪，先做单臂波浪，再做双臂波浪。

（4）改变手臂位置练习不同方向的波浪。

2. 躯干波浪

【动作做法】（以跪坐波浪为例）由跪坐开始，腰、胸、颈各关节依次前挺后屈，上体前倾使胸贴大腿，接着腰、胸、颈依次后移前屈，经弓背、含胸、低头的过程依次还原成上体正直（图 7-27）。躯干波浪还可以在跪立、坐、卧以及站立的条件下进行。

图 7-27 躯干波浪

【动作要领】 躯干部位腰、胸、颈各关节依次后屈、前屈或侧屈，随之依次伸展，各关节依次动作要连贯、充分，以形成波浪的推移运动。在躯干波浪中头部积极参与，下颏画立圆，躯干呈现出 S 形弯曲。

【教学步骤】

（1）慢动作分解练习，体会躯干反向弯曲的姿态和依次用力的感觉。

（2）由慢到快练习完整动作。

（3）改变支撑条件练习躯干波浪。

3. 全身波浪

【动作做法】 全身波浪指从脚至头，全身参与身体波浪，有向前、后、侧或边绕环边进行的螺旋形波浪。

（1）身体向前波浪：由半蹲上体前屈开始，膝、髋、腹、胸、颈依次向前上方挺出，经含胸、低头、挺髋的反向弯曲，上体大幅度后屈，两腿积极蹬伸，身体各关节由下至上依次伸展还原成直立。动作中两臂由前经下向后绕至上举,全身协调配合(图 7-28)。

(2) 身体向后波浪:由站立开始,上体后屈,膝、髋、腰、胸、颈各关节依次前屈,经挺胸、抬头、屈髋的反向弯曲姿势,依次弓背、含胸、低头至上体前屈姿势,同进手臂经后下绕至前下方(图 7-29)。

图 7-28　身体向前波浪

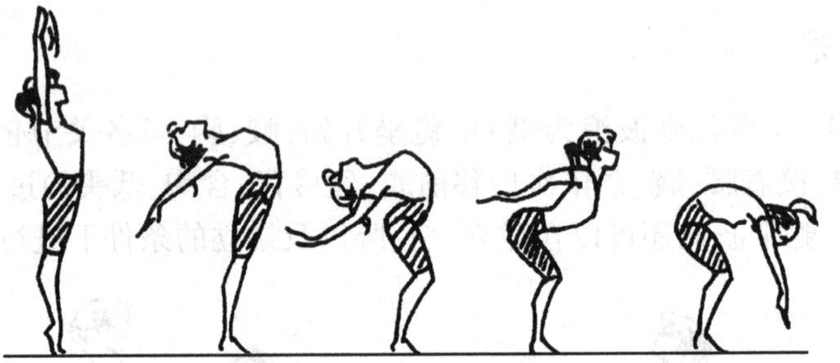

图 7-29　身体向后波浪

(3) 身体向侧波浪(以左侧波浪为例):由左脚尖侧点地、两臂右侧上举、上体左侧屈开始,右腿、左腿依次屈膝向左侧移重心的同时,髋、腰、胸、头依次经前屈向左侧上挺出至左腿直立,右脚尖侧点地,上体右侧屈,两臂随之经下摆至右上方(图 7-30)。

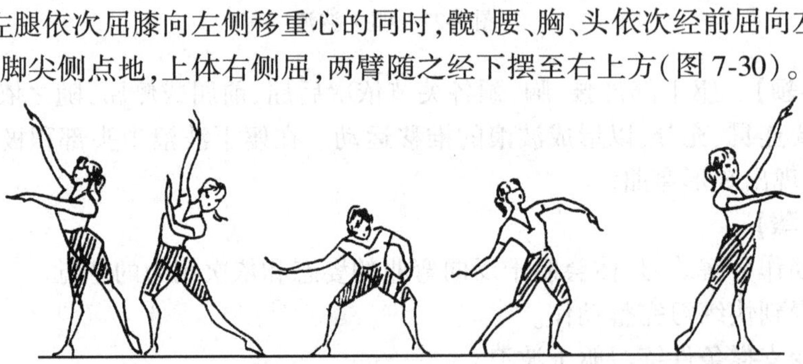

图 7-30　身体向侧波浪

(4) 螺旋波浪(以左侧为例):上体向左做水平绕环的同时,完成全身向后波浪接向前波浪的动作。两臂随上体的绕环完成体前水平中绕环接头上水平大绕环动作(图 7-31)。

【动作要领】 由腿部开始发力,膝、髋、腰、胸、头依次向波浪方向挺出。上体和下肢反向位移,保持动作平衡,形成 S 形弯曲。全身各关节由下至上依次弯曲随之依次伸展的动作要连贯、松弛、幅度大。

【教学步骤】

(1) 在躯干波浪的基础上学习全身波浪。

(2) 手扶把杆练习,由分解动作到完整动作,体会反向弯曲和依次用力的顺序及重心的控制。

图 7-31　螺旋波浪

(3) 徒手练习全身波浪,幅度由小到大。

(4) 在掌握了前、后、侧全身波浪的基础上学习螺旋波浪。

(六) 平衡动作

平衡动作是指以身体某部位(脚、膝、臀)支撑地面,配合手臂、躯干和腿构成平衡姿态,保持一定的时间。一般常见的平衡用单脚支撑,另一腿举起。通过平衡动作练习,可发展肌肉力量,增强控制重心稳定性的能力。以屈膝前(侧、后),举腿平衡为例:

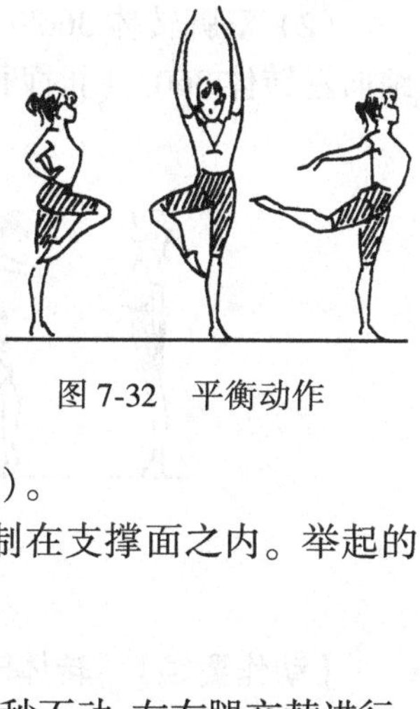

图 7-32　平衡动作

【动作做法】　左腿站立或起踵立,右腿屈膝前举(或侧举、后举),两手叉腰(或上举、侧举)。保持 2~3 秒不动(图 7-32)。

【动作要领】　支撑腿充分伸直,脚掌及踝部用力使重心控制在支撑面之内。举起的腿及腰部肌肉用力控制姿态造型。

【教学步骤】

(1) 扶把练习单脚站立,另一腿屈膝前(侧、后)举,保持 2~3 秒不动,左右腿交替进行。

(2) 离把做(1)的动作。

(3) 熟练掌握后,要求支撑腿起踵立。

(4) 变换手臂位置进行练习。

(5) 在屈膝举腿的基础上练习直腿前、侧、后举的平衡动作。

(七) 转动和转体动作

身体某部分绕自身的纵轴可向左、右或内、外做转动。整个身体以一脚或两脚为支撑点,绕垂直轴做各种转体动作。

1. 转动

【动作做法】 头部或躯干绕身体纵轴向左右转动，转动时，相邻的部位固定，以形成稳定的支点（例如转头固定肩、转上体固定髋），肢体平行拧动。（图 7-33）。

图 7-33 转动

【动作要领】 转动时相邻的部位固定，相邻的关节放松，转动的肢体要平行拧动。

【教学步骤】

（1）幅度由小到大、节奏由慢到快练习转动。

（2）在上体弯曲的同时转头或转胸。

2. 双脚转体

【动作做法】

（1）双脚转体 180°（图 7-34①）：由自然站立开始，左脚向前一小步，双脚起踵向右转体 180°，同时两臂经侧至上举。

（2）双脚转体 360°（图 7-34②）：由自然站立开始，右脚向左脚左侧交叉一步，双脚起踵向左转体 360°，同时两臂经侧至上举。

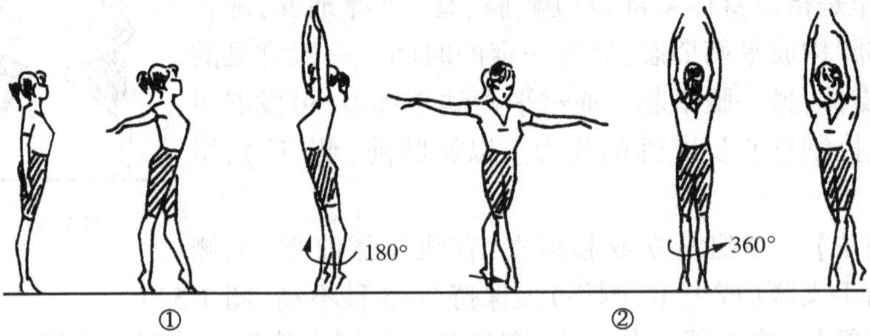

图 7-34 双脚转体

【动作要领】 转体时高起踵，两腿夹紧，紧腹收臀，挺胸立腰，以领肩、转髋带动整个身体转动，头随之迅速转动。

【教学步骤】

（1）练习双脚起踵立。

（2）练习上步起踵转体 180°，退步起踵转体 180°。

（3）练习两脚交叉转体 270°、360°。

3. 单腿后举转体 360°

【动作做法】（图 7-35） 由右腿站立，左腿前点地、两臂右侧举开始，左腿屈膝成弓步，左臂经前向左摆动带动上体向左转动，此时蹬腿移重

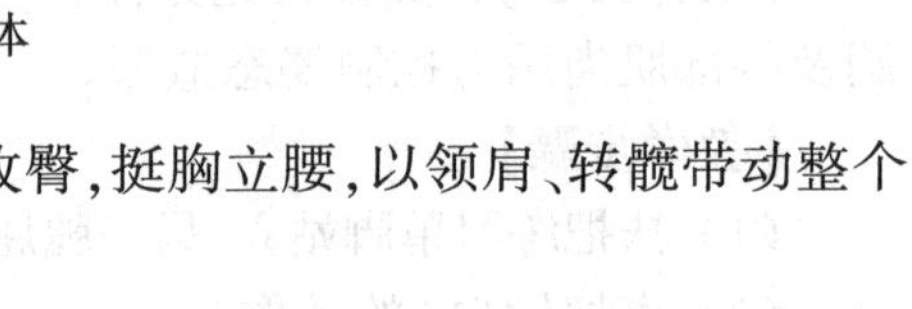

图 7-35 单腿后举转体 360°

心成左脚起踵立、右腿后举、左臂左前上举、右臂右后下举的姿态，保持这一姿态向左转体 360°。

【动作要领】 以手臂的水平圆周摆和蹬腿、立踵为转体动力，蹬摆动作要在保持身体重心平稳的前提下进行。转体时高起踵，支撑腿充分伸直，立腰，背部肌肉收紧控制后腿姿态。

【教学步骤】

（1）练习经弓步至踵立、另一腿后举的动作，体会正确姿态和对重心的控制。

（2）练习摆臂拧转上体的动作。

（3）练习完整动作，由转体 180°到 360°，逐步增加度数。

4. 平转

【动作做法】 见图 7-36。

图 7-36　平转

【预备姿态】 起踵立，两手叉腰，目视左侧目标。

1~前半拍：左脚向侧一小步，同时向左转体 180°，右脚以前脚掌在右侧着地，目视右侧目标。

1~后半拍：以右脚为轴向左转体 180°，左脚向侧一步前脚掌着地，同时头部迅速向左转动（平甩），目视左侧目标。

2~拍：同 1 拍。

【动作要领】 平转时高起踵，两大腿夹紧，步幅小，两脚在一条直线上移动，身体正直，重心在两脚上转换，头部动作（留头、平甩）与转体协调配合，两腿始终注视目标，转体快速、连贯。

【教学步骤】

（1）原地练习脚尖踏步，体会两脚前脚掌依次支撑转换重心的感觉。

（2）练习向侧脚尖并步，连续进行。

（3）两手叉腰或两臂侧举做平转接侧点步的动作，4 拍 1 次，左、右交替进行，即“左转左点，右转右点”可连续进行。

（4）熟练掌握后，可连续向一个方向平转 2~3 次。

(八) 跳跃动作

大众艺术体操中常见的跳跃动作包括双脚小跳、单脚小跳和技术比较简单的大跳。跳跃动作对增强下肢力量、发展弹跳力、增强下肢的灵活性有特殊效果。

1. 双脚小跳

【动作做法】

(1) 并步小跳(图 7-37①)。

【预备姿态】 并步站立,两手叉腰。

节前拍:两腿半蹲。

1~前半拍起:两脚蹬地跳起,空中保持并腿。

1~后半拍:落地或半蹲。

2~拍:同1拍连续进行。

此动作可原地进行,也可蹬地向前、后、左、右移动跳,还可在脚落地时加扭髋转膝动作(图 7-37②)

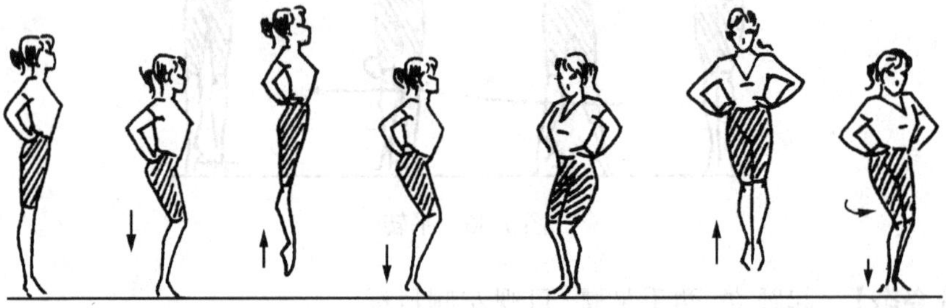

图 7-37 并步小跳

(2) 换位跳(图 7-38)。

图 7-38 换位跳

【预备姿态】 并步站立,两手叉腰。

节前拍:两腿稍屈膝。

1~前半拍:两腿蹬地跳起,空中保持并腿。

1~后半拍:分腿落地成二位半蹲。

2~前半拍:两腿蹬地跳起,空中保持分腿。

2~后半拍:并腿落地成半蹲。

3~4拍:同1~2拍,可连续进行。

(3) 双跳单落(图7-39)。

图7-39　双跳单落

【预备姿态】 并步站立,两臂侧举。

1~拍:两腿经屈膝蹬地跳起。

2~拍:左脚落地,右腿后举(或侧举、前举),手臂协调配合。

3~拍:同1拍。

4~拍:同2拍,换右脚落地,左腿举起成反向姿态。

【动作要领】 两腿经半蹲蹬直,两脚掌用力蹬地向上跳起,膝和脚面绷直,脚尖向下,紧腹、收臀,身体正直,脚着地时以前脚掌过渡至全脚掌并稍屈膝缓冲,动作连贯,轻盈。

【教学步骤】

(1) 在屈膝弹动和起踵弹动的基础上学习双脚小跳。

(2) 在并步小跳的基础上练习向前、后、侧的并步双脚小跳和扭髋转膝双脚小跳。

(3) 在并步小跳和分腿小跳的基础上练习换位跳。

(4) 扶把练习双跳单落,体会单脚落地的姿态。逐步过渡到离把练习。

2. 单脚小跳

【动作做法】

(1) 原地单脚小跳:由双脚站立开始,左脚蹬地跳起,左脚落地,右腿稍屈膝前举(图7-40)。

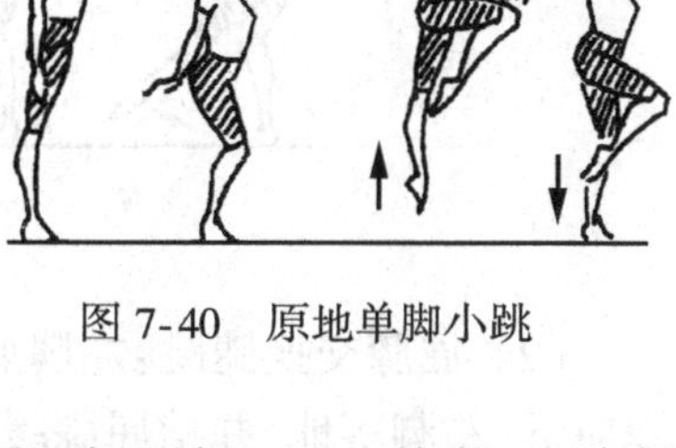

图7-40　原地单脚小跳

(2) 上步单脚小跳

1) 踏跳步:左脚上步经屈膝跳起,右腿后举,同时左臂侧举,右臂前举(图7-41①)。

2) 吸腿跳:左腿上步经屈膝跳起,右腿屈膝前举,同时左臂前上举,右臂后下举,向右拧身,看右前方(图7-41②)。

3) 含胸展胸跳:左脚向前一步经稍屈膝跳起,同时右腿稍屈膝(135°)前举,含胸低头，两臂摆至前举。左脚落地，右脚向前一步经稍屈膝跳起，同时左腿屈膝用力后摆，两臂经侧快速后摆，空中挺胸抬头，右脚落地稍屈膝（图7-42）。

图7-41 上步单脚小跳

图7-42 含胸展胸跳

【动作要领】 向前一步有力地蹬地跳起，摆动腿和手臂，躯干主动、快速地配合在空中形成舞姿。

【教学步骤】

（1）练习上步立，全身快速地协调配合，形成含胸或展胸姿态。

（2）练习完整动作。

（3）单脚起跳，换脚落地。

【动作做法】

（1）踢腿换脚跳：左腿向前（或侧）做小踢腿（踢至45°），同时右腿经稍屈膝蹬地跳起。左脚落地，同时右腿向前（或向侧）踢（图7-43）。

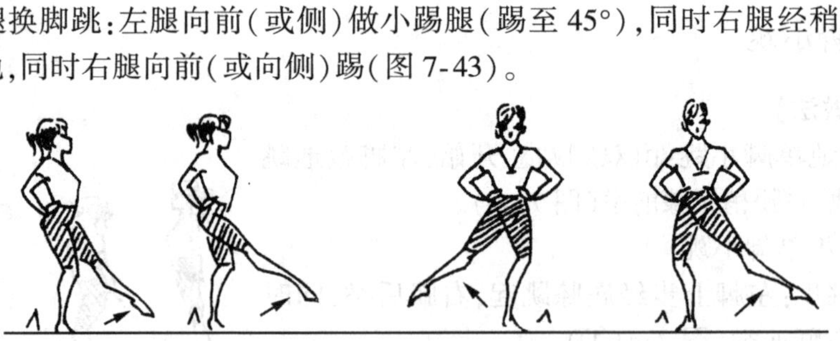

图7-43 踢腿换脚跳

（2）屈膝交换腿跳：左腿屈膝前摆的同时，右腿蹬地跳起，接着右腿快速屈膝前摆，左腿向下，左脚落地，并稍屈膝缓冲，两臂协调配合（图7-44）

【动作要领】 摆腿换脚跳不要求高度，但要轻巧，蹬、摆协调配合。屈膝交换腿跳要

图 7-44 屈膝交换腿跳

求蹬地充分、有力,快速摆腿在空中完成交换动作。

【教学步骤】

1) 练习交换举腿,体会正确的姿态。

2) 加大蹬地力量,做完整动作练习。

3) 变换手臂动作进行练习。

3. 原地双脚大跳

(1) 分腿跳:由站立开始,经屈膝两腿用力蹬地跳起,在空中向两侧分腿,同时两臂摆至侧上举,挺身,并腿落地稍屈膝(图 7-45)

图 7-45 分腿跳

图 7-46 屈腿跳

(2) 屈腿跳:由站立开始,经稍屈膝两腿用力蹬地跳起,空中两腿屈膝左前举,并向右拧身,左臂侧上举,右臂侧举,眼看右前方(图 7-46)。

【动作要领】 双脚用力蹬地跳起时,手臂配合向上摆动以增加起跳高度。空中腿部和腰部快速用力形成姿态,落地时屈膝缓冲。

【教学步骤】

(1) 练习原地纵跳,增加弹跳高度。

(2) 进行完整动作练习,幅度由小到大。

4. 跨跳

跨跳是单脚起跳、单脚落地的大幅度跳跃动作,练习跨跳动作不仅能增强弹跳力,而且掌握跨跳技术对生活中跨越障碍物有使用价值。

【动作做法】 以右腿跨跳为例(图 7-47①)。

【预备姿态】 节奏步或助跑 2~3 步。

左脚向前一步蹬地跳起,同时右腿伸直向前上方摆动跨出,左腿随即向后摆起,空中两腿绷直,前后分开,同时左臂前举,右臂侧举,接着右脚以前脚掌先着地,迅速过渡到全脚掌着地,并稍屈膝。

跨跳在空中可以变换各种姿势,比较简单的如前腿屈、后腿直——鹿跳(图7-47②)。

图7-47 跨跳

【动作要领】 蹬地有力,摆腿动作应超过水平面,在空中快速完成紧腰伸腿的制动技术,使身体腾空到最高点时达到最大幅度。跨跳动作要做得高而远。

【教学步骤】

(1) 进行腿的柔韧性练习,做垫上劈叉。

(2) 做连续的小跨跳体会离地绷腿的技术。

(3) 结合2~3步助跑或节奏步练习跨跳的完整动作,体会技术细节。

(4) 逐步增加跨跳的高度和两腿的开度。

第二节 艺术体操的基本步伐与基本舞步

艺术体操的基本步伐有:柔软步、脚尖步、柔软跑、滚动步、弹簧步。

艺术体操的基本舞步有:变换步、跑跳步、向侧交叉步、交替步、波尔卡步、华尔兹步、加洛泼步等。

一、艺术体操的基本步伐

(一) 柔软步(图7-48)

【预备姿态】 自然站立。

【动作要领】 左腿膝和脚面绷直向前伸出,脚面向外,由脚尖过渡到全脚掌落地,身体重心随之前移,接着再换右腿向前伸出落地,两腿依次交替进行,两臂自然前后摆动。

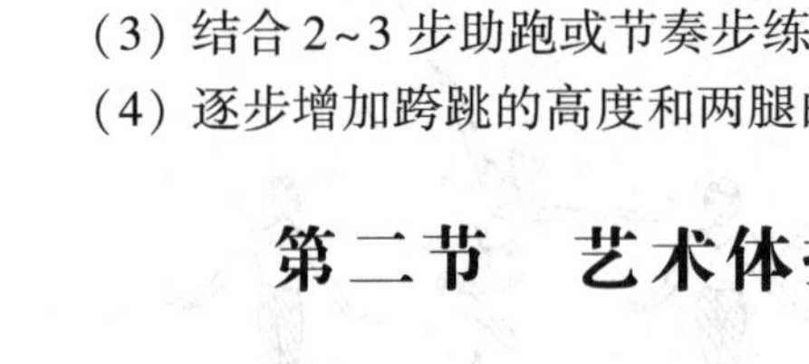

图7-48 柔软步

【动作要求】 动作前,先做好正确的站立的姿势。走时上体正直,立腰、立髋,收腹、收臀,腿保持开、绷、直。走时肩、髋正对前方,每走一步重心要及时前移。走的过程中,腿的肌肉要有紧张与松弛的交替，前脚相对紧张，后脚松弛。

（二）脚尖步（图7-49）

【预备姿态】　两脚并立提踵，两手叉腰。

【动作要领】　左腿膝和脚面绷直向前伸出（脚尖稍向外），由脚尖过渡到前脚掌落地支撑，重心前移，两腿交替进行。

【动作要求】　身体正直，收腹立腰，步幅均匀，不宜过大，动作自然、协调、提踵高、重心平稳。

图7-49　脚尖步

（三）柔软跑（图7-50）

【预备姿态】　自然站立。

图7-50　柔软跑

【动作要领】　在柔软步的基础上，后腿蹬地跑，摆动腿稍经腾空自然向前伸出，脚面绷直，用前脚掌柔和落地，重心随之前移。

【动作要求】　摆动腿自然前伸，步幅适中，身体随之稍前倾，收腹立腰，动作自然协调，柔和，有弹性。

（四）滚动步（图7-51）

【预备姿态】　左脚支撑，右腿屈膝绷脚尖踮于左脚旁。

【动作要领】　左脚慢慢起踵时，右腿慢慢直膝下压，经双脚起踵支撑后，左脚慢慢屈膝绷脚点地，右脚慢慢下压成直膝支撑，换脚做。

【动作要求】　经两腿提踵立过程交替移重心时，上体保持正直，收腹立腰，髋部上提，动作连贯、柔和、有弹性。

（五）弹簧步（图7-52）

【预备姿态】　两脚并立提踵，两手叉腰。

【动作要领】　向前柔软步，落地时屈膝，移重心，接着膝、踝依次伸直起踵，两腿交替。

【动作要求】　摆动腿向前落地时由脚尖过流到全脚，主力腿蹬直提踵立，动作柔和，自然协调。

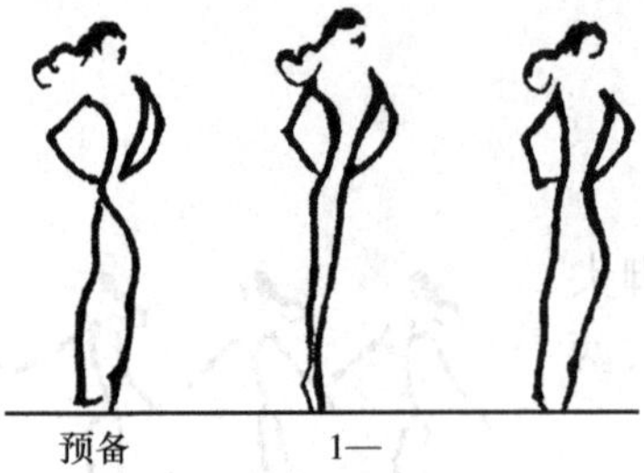

图 7-51 滚动步

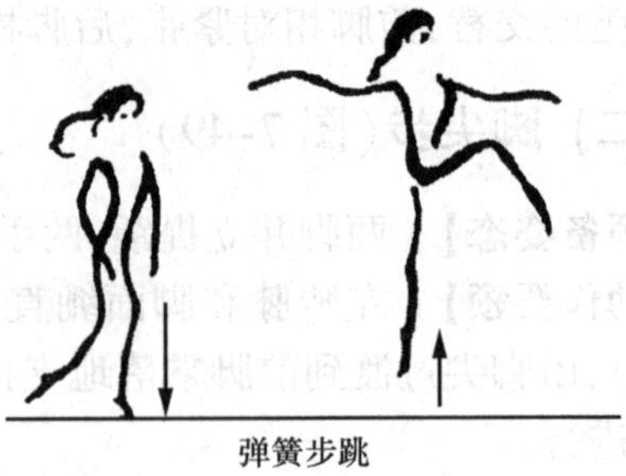

图 7-52 弹簧步

二、艺术体操的基本舞步

(一) 变换步(图 7-53)

【预备姿态】 自然站立,两臂侧举。

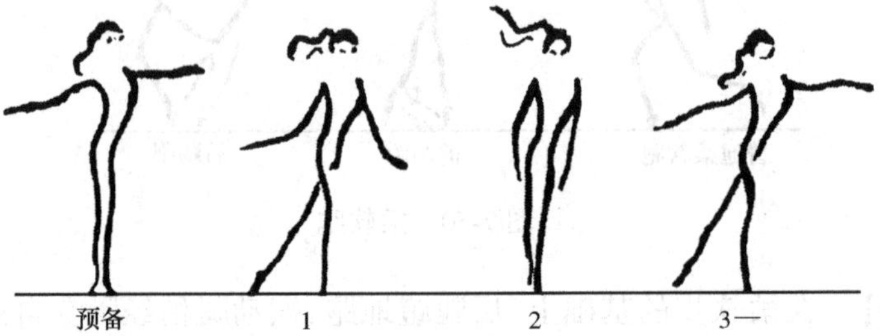

图 7-53 变换步

【动作要领】

1~拍:右脚向前做柔软步,重心前移。

2~拍:左脚与右脚并成自然步,同时两臂成一位。

3~拍:右脚向前做柔软步,重心前移。

4~拍:左脚后点地,臂六位。

【动作要求】 收腹立腰,上体正直,髋正,后腿伸直点地,动作连贯,协调,舒展,在此基础上,做变换步后举腿,前举膝,向侧、向后变换步、变换步跳和转体等。

(二) 跑跳步

【预备姿态】 自然站立。

【动作要领】 节拍前:右脚原地轻跳,同时左腿屈抬起,脚面绷直,脚尖向下。

1~拍:左脚落地,随之原地轻跳,同时右腿屈膝抬起。

2~拍:同 1 拍,换右脚做。

【动作要求】 前屈腿向下落地要快,小跳短促,其节奏为"——·"。跳与落节奏准确,轻松,活泼,自然。

（三）华尔兹步（图 7-54）

图 7-54　华尔兹步

【预备姿态】　起踵立。

【动作要领】　1～拍：右脚向前做一次柔软步屈，落地稍屈膝，重心随之前移。

2～拍：左脚向前脚尖步。

3～拍：右脚向前脚尖步。

【动作要求】　三拍完成，步幅均等，动作起伏自然，收腹立腰，重心随出步而移动，柔和、自然、连贯、协调，在此基础上可做向后、向侧及转体等华尔兹。

（四）波尔卡步（图 7-55）

【预备姿态】　自然站立，节拍前左脚原地，轻跳一边。

图 7-55　波尔卡步

【动作要领】　节拍前：右腿小跳，同时左腿伸直向前下举。

1～拍：右脚向前滑出做一次并步跳。

2～拍：右脚再原地轻跳一次，两腿交替进行。

【动作要求】　二拍完成，节拍前小跳，单脚落地，另一腿向前滑出做并步跳。节奏轻快、活泼、准确。

（五）加洛泼步（图 7-56）

【预备姿态】　自然站立，两臂侧举。

图 7-56　加洛泼步

【动作要领】 1~拍前半拍:左脚向前一大步,重心随之前移成小弓步,接着左脚蹬地跳起,右脚在空中与左脚并拢。

1~拍—后半拍:右脚落地并稍屈膝,左腿前下举。

2~拍:同1拍。

【动作要求】 前进的腿经屈膝蹬地跳起,后腿向前腿并拢,空中两腿夹紧,膝和脚面绷直,收腹立腰。动作连贯,有腾空,身体正直。

第三节 艺术体操的基本步伐、基本舞步组合

一、柔软步组合

(一) 组合1

【预备姿态】 站立、面向逆时针方向。

【音乐】 4/4 拍或2/4 拍起,中速。

【动作要领】 脚走柔软步,右脚开始一拍一动,臂的动作如下:

第一个八拍:

1~2 拍:左臂前举,放下。

3~4 拍:右臂侧举,放下。

5~8 拍:两臂同时由右至上至左绕环一周至左臂前举,右臂侧举,第8拍放下。

第二个八拍:与第一个八拍相反。

第三个八拍:

1~8 拍:脚走柔软步,向右后自转360°,两臂由1位至2位至3位至7位至1位。

第四个八拍:

1~4 拍:两臂前摆、后摆。

5~8 拍:两臂经下、前,向后大绕环一周后前摆,第8拍放下,脚立停。

(二) 组合2

【预备姿态】 面向1点正步站立,两臂自然下垂于体侧。

第一个八拍:

1~拍:左脚向前做柔软步,左臂前举,眼看1点。

2~拍:右脚向前做柔软步,左臂落于体侧,眼看1点。

3~拍:左脚向前做柔软步,左臂侧举,眼看7点。

4~拍:右脚向前做柔软步,左臂落于体侧,眼看1点。

5~7 拍:左脚开始向前走三次柔软步,同时左臂经二位。三位向后绕环一周再到二位,眼看1点。

8~拍:动作同4拍。

第二个八拍:动作同第一个八拍,动作相反。

第三个八拍：

1~2 拍：左脚向左斜前方 45°做柔软步，重心移至左脚，右脚尖后点地，右臂前举，左臂侧举，眼看 8 点。

3~4 拍：动作同 1~2 拍，方向相反。

5~7 拍：左脚开始向前走三步柔软步，同时两臂在体前交叉向上沿身体方向绕至两臂侧平举，眼看 1 点。

8~拍：右脚上步与左脚并立，两臂体侧自然下垂。

第四个八拍：动作同第三个八拍，方向相反。

（三）组合 3

【预备姿态】 面向 1 点正步站立，两臂自然下垂于体侧。

第一个八拍：

1~拍：左脚向前做柔软步一次，两臂同时向前做小波浪，眼看前方。

2~拍：右脚向前做柔软步一步，两臂同时落于体前下方。

3~4 拍：动作同 1~2 拍。

5~6 拍：左脚开始向前做柔软步二次，两臂同时由体前下经上向后大绕环一周。

7~8 拍：动作同 1~2 拍。

第二个八拍：

1~拍：左脚向前做柔软步一次，两臂同时向侧做小波浪，眼看前方。

2~拍：右脚开始向前做柔软步二次，两臂同时落于体侧。

3~4 拍：动作同 1~2 拍。

5~6 拍：左脚开始向前做柔软步二次，两臂同时由体侧向外经上沿身体平面向内，向下大绕环一周至体侧。

7~8 拍：动作同 1~2 拍。

第三个八拍：

1~拍：左脚开始向前做柔软步一次，两臂同时向左侧做小波浪，眼看两手。

2~拍：右脚向前做柔软步一次，两臂同时落于体侧。

3~4 拍：动作同 1~2 拍，方向相反。

5~6 拍：左脚开始向前做柔软步二次，两臂同时由左经上向右沿身体平面大绕环一周，眼随手走。

7~8 拍：动作同 1~2 拍。

第四个八拍：动作同第三个八拍方向相反，最后一拍还原成预备姿势。

二、脚尖步组合

（一）组合 1（图 7-57）

【预备姿态】 起踵立，面向逆时针方向。

图 7-57 脚尖步组合

【音乐】 4/4 拍,中速,柔和连贯地。

【动作要领】 右脚开始脚尖步,一拍一步,臂的动作如下:

第一个八拍:

1~4 拍:两臂慢慢侧举至上举。

5~8 拍:两臂从上举落至交叉前举并做臂波浪 2 次。

第二个八拍:

1~4 拍:右臂在上的 5 位,向右后足尖步 4 次,自转 360°。

5~8 拍:向前 4 次脚尖步,5 位臂波浪 2 次。

第三个八拍:

1~4 拍:上体向后波浪成含胸低头弓背,两臂经后绕至前举。

5~8 拍:抬上体,两臂前上举,手臂波浪 2 次。

第四个八拍:

1~8 拍:两臂依次做侧波浪 4 次。

(二) 组合 2

【准备姿态】 面对 1 点正步站立,两臂自然下垂于体侧。

第一个八拍:

1~8 拍:左脚开始向前走八次脚尖步,双手叉腰,眼看 1 点。

第二个八拍:

1~8 拍:在脚开始向前走八次脚尖步,两臂前后摆动。

第三个八拍:

1~4 拍:左脚开支始向前走四次脚尖步,左手前叉腰,右手后叉腰,左肩向前高于右肩,抬头挺胸,后半拍两手放下。

5~8 拍:动作同 1~4 拍,换右臂在前。

第四个八拍:动作同第三个八拍。

第五个八拍:

1~4 拍:左脚开始向前做四次半蹲脚尖步,两臂由侧平举经后向前摆,同时上体向后波浪(含胸)。

5~8 拍:左脚开始向前做四次脚尖步,逐渐起立法,两臂由前经上摆至侧平举,同进上体向前波浪(展胸)。

第六个八拍：动作同第五个八拍

第七个八拍：

1~4拍：左脚开始向前做四次脚尖步，同时左臂弧形前举，右臂后斜下举。

5~8拍：原地四次脚尖步，同时向左转体360°，左臂弧形上举，右臂斜下举。

第八个八拍动作同第七个八拍，方向相反。

（三）组合3

【预备姿态】 面对1点正步站立，两臂自然下垂于体侧。

第一个八拍：

1~4拍：左脚开始向前走四次脚尖步，两臂由后向前移至上举，同时上体配合脚尖做含胸展胸动作。

5~8拍：左脚开始继续向前走四次脚尖步，左臂由上向下摆至后斜下举，右臂斜上举，上体稍向左转，眼看右手。

第二个八拍：动作同第一个八拍，方向相反。

第三个八拍：

1~4拍：左脚开始向左斜45°方向走四次足尖步，两臂由后向前摆至上举，同时上体配合做含胸展胸动作。

5~8拍：左脚继续向左斜45°方向走二次脚尖步，第7拍左脚上步在右脚前，双脚立踵站住不动，右臂开始两臂依次向后抡臂绕环一周至右臂斜上举，右臂后斜下举（掌心向下），眼看右手。

第四个八拍：动作同第三个八拍，方向相反。

三、华尔兹步组合

（一）组合1（图7-58）

【预备姿态】 起踵1~拍：臂从1位至2位。

2~拍：臂从2位至7位，面向逆时针方向。

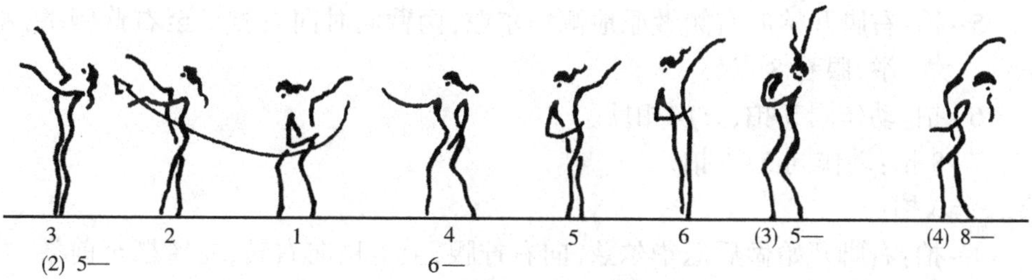

图7-58 华尔兹步组合

【音乐】 3/4拍，华尔兹乐曲（每小节音乐作1拍）

第一个八拍：

1~2 拍：右脚开始向前华尔兹 2 次，左右臂依次由 7 位至 1 位至 2 位至 3 位至 7 位。

3~4 拍：右脚开始向前华尔兹 2 次，左右臂依次向侧波浪。

5~8 拍：同 1~4 拍。

第二个八拍：

1~4 拍：右脚开始后退华尔兹 4 次，两臂侧举。

5~拍：面向圆心，右脚向右前华尔兹，两臂经下摆至右前上方，由低头含胸至抬头挺胸。

6~拍：左脚各左后华尔兹，两臂摆至左后方。

7~8 拍：同 5~6 拍。

第三个八拍：

1~拍：同第二个八拍 5 拍。

2~拍：左脚开始向右转身华尔兹 180°，两臂由上落至左侧，上体向左侧屈，眼看左手。

3~4 拍：同 1~2 拍，但背向圆心。

5~8 拍：右脚开始做 4 次侧华尔兹，臂 4 位。

第四个八拍：

1~6 拍：右脚开始向前华尔兹跳 6 次，两臂依次侧波浪 6 次(右、左、右、左、右、左)。

7~拍：右、左、右向前小跑 3 步，同时右转 360°，臂 7 位。

8~拍：左腿半蹲，右腿屈膝后点地，臂 4 位，眼看左下方。

（二）组合 2

【预备姿态】 面向 1 点右脚在前的丁字步站立，手一位，眼看 2 点。

第一个八拍：

1~拍：右脚开始做向前华尔兹，两臂侧举，右臂波浪一次，眼看右手。

2~拍：动作同 1~拍，方向相反。

3~4 拍：动作同 1~2 拍。

5~拍：右脚开始向右侧做原地侧华尔兹，两臂同时向右侧摆至右臂侧举，左臂前举，眼看 8 点。

6~拍：动作同 5 拍，方向相反。

7~8 拍：动作同 5~6 拍

第二个八拍：

1~拍：右脚开始做后退华尔兹，向右拧腰，上本稍向右转，左臂摆至前举，右臂摆至后平举，同时两臂波浪一次，眼看左手。

2~拍：动作同 1 拍，方向相反。

3~4 拍：动作同 1~2 拍。

5~拍：右脚开始向右斜 45°方向做原地华尔兹，两臂同时从左斜下举摆至右前斜上举(右臂上、左臂下),抬头挺胸,眼看右手。

6~拍:左腿开始向6点方向做原地华尔兹,两臂同时从右斜上举摆至左臂后斜上举,右臂一位,低头含胸。

7~8拍:动作同5~6拍。

(三)组合3

【预备姿态】 面向1点左脚在前的丁字步站立,手一位,眼看8点。

第一个八拍:

1~3拍:左脚开始向前做三次华尔兹,左脚做时左臂波浪一次,右脚做时右臂波浪一次,眼看做波浪的手臂。

4~拍:右脚向右侧出一步,左脚在右脚前交叉站立,同时向右转位360°,两臂三位。

5~8拍:动作同1~4拍,方向相反。

第二个八拍:

1~拍:右脚向右侧做一次原地侧华尔兹,向右拧腰,上体稍向右转,同时左臂前举,右臂后平举,眼看左手。

2~拍:动作同1拍,方向相反。

3~拍:右脚向右侧一步,做一个三步平转360°,两臂二位。

4~拍:右脚向右侧一步,重心移至右脚,右脚尖侧点地,两臂从左向右摆至右侧斜上举(掌心向下,右臂上,右臂下)做波浪一次,上体向左侧弯腰,眼看右手。

5~8拍:动作同1~4拍,方向相反。

第三个八拍:

1~拍:右脚开始向前做一次华尔兹,同时右臂侧举波浪一次,左臂从左向右、向上绕至上举,眼看右手。

2~拍:动作同1拍,方向相反。

3~4拍:动作同1~2拍。

5~拍:右脚开始做一次踏点跳华尔兹,左臂前举,右臂侧举,眼看左手。

6~拍:动作同5拍,方向相反。

7~8拍:动作同5~6拍。

第四个八拍:

1~拍:右脚开始向后做转体华尔兹,(右脚后退做一个柔软步,左脚向后做一个脚尖步,同时向左转90°,右脚向左脚靠拢并立起踵,身体继续向左转90°)右臂上举成三位,右臂经前举向下、向后绕环一周三位。

2~拍:左脚向前转体华尔兹(左脚向前一个柔软步,右脚向前一个足尖步,同时向左转体90°,左脚向右脚并立起踵,身体继续向左转体90°)左臂上举成三位,右臂经前举向下,向后绕环一周到三位。

3~6拍:动作同1~2拍,做四次转体华尔兹。

7~拍:右脚上前一步,左脚在右脚前交叉转体 360°,两臂上举成三位。

8~拍:右脚再上前一步,重心移在右脚上,左脚尖后点地,两臂向斜上方做波浪一次(左臂在上,右臂在下),眼看手。

(四)组合 4

【预备姿态】 面向 1 点,右脚在前的丁字步站立,手一位,眼看 2 点。

第一个八拍:

1~拍:右脚开始向右斜前 45°方向做原地华尔兹一次,同时左臂斜上方弧形下摆,右臂由下弧形向右上方摆,上体配合舞步由含胸低头到挺胸抬头,眼看 2 点。

2~拍:右脚向 6 点方向做后退华尔兹一次,同时左臂由下弧形摆至后斜上举,右臂由上弧形摆至体前成一位,上体配合舞步由含胸低头到挺胸抬头,眼看 2 点。

3~拍:动作同 1 拍。

4~拍:左脚向左侧出一步,右脚在左脚前交叉向左转体 360°,同时两臂体侧下垂。

5~8 拍:动作同 1~4 拍,方向相反。

第二个八拍:

1~拍:左脚开始向左侧做华尔兹一次,左臂侧上举,右臂前举,眼看 2 点。

2~拍:动作同 1 拍,方向相反。

3~拍:动作同 1 拍。

4~拍:右脚向右侧出一步,重心移在右脚上,左脚尖侧点地,两臂侧举,眼看 1 点。

5~拍:经屈膝重心移到左脚上,右脚尖侧点地,向左旁下腰,左臂在体前成一位(掌心向上),右臂上举(掌心向下),抬头挺胸,眼看 1 点。

6~拍:上体直立,重心在左脚,右脚尖侧点地,两臂侧举,眼看 1 点。

7~拍:右脚开始做后退华尔兹一次,向右拧腰,左臂波浪前举,右臂波浪后平举,眼看 1 点。

8~拍:动作同 7 拍,方向相反。

第三个八拍:动作同第二个八拍,方向相反。

第四个八拍:

1~拍:左脚向前一步跳起,右腿后举,同时两臂向左斜上方摆起,眼看手。

2~拍:右脚开始向左做跳转 360°的华尔兹一次,向左拧腰,两手体前左斜下方交叉(右手上左手下,掌心向下)含胸低头,眼看手。

3~拍:左脚向左侧一步,重心移至左脚,右脚尖侧点地,两臂向左侧波浪至侧举,眼看 7 点。

4~6 拍:动作同 1~3 拍,方向相反。

7~拍:左脚向左侧出一步,右脚在左脚交叉向左转体 360°,两臂上举成三位。

8~拍:右脚上前一步,重心移至右脚,左脚尖后点地,左臂斜上举,右臂后斜下举,抬头挺胸,眼看左手。

四、变换步组合

(一) 组合1(图7-59)

【预备姿态】 站立,面向逆时针方向。

图7-59 变换步组合

1~拍:臂从1位至2位。
2~拍:臂从2位至7位。
【音乐】 2/4拍
第一个八拍:
1~8拍:左脚开始普通变换步4次。
第二个八拍:
1~8拍:后退变换步前举腿4次。
第三个八拍:
1~4拍:面向圆心做变换步后举腿2次。
5~6拍:左脚在右脚前交叉,向右并立转体180°,臂3位。
7~8拍:右脚上步重心前移,左脚后点地,臂由3位落至侧举。
第四个八拍:
1~8拍:背向圆心做,同(3)。
第五个八拍:
1~2拍:面向圆心,左脚开始向左侧变换步后举腿,臂由7位至6位。
3~4拍:右脚向右侧做变换步后举腿。
5~6拍:左脚向左侧做变换步吸右腿,左臂上举,右臂侧举。
7~8拍:与5~6拍相反。
第六个八拍:
1~2拍:面向圆心,左脚开始做变换步前摆转体180°,臂侧举。
3~4拍:右脚向前一步经半蹲重心前移,左脚后点地,左臂侧举,右臂由侧举经1位至2位至3位。
第七个八拍:
1~8拍:面向逆时针方向变换步跳4次。

第八个八拍：

1~4 拍：向前碎步小跑，躯干向后波浪同时两臂向后绕至前举。

5~6 拍：右脚上步屈膝，左脚后点，弓身低头。

7~8 拍：重心移至左脚，右脚在左脚左旁点地，上体后屈，臂侧举。

（二）组合 2

【预备姿态】 面各 1 点左脚在前的丁字步站立，手一位，眼看 8 点。

第一个八拍：

1~2 拍：左脚开始向前做一次变换步后点地，同时右臂摆至前举，左臂侧举，眼看 1 点。

3~4 拍：动作同 1~2，方向相反。

5~6 拍：左脚向左侧做一次向侧变换步侧点地，右臂由一位摆至上举，左臂侧举，眼看 7 点。

7~8 拍：动作同 5~6 拍，方向相反。

第二个八拍：

1~2 拍：左脚开始向后做后退变换步前点地，同时左臂由一位摆至前举，右臂侧举，眼看 1 点。

3~4 拍：动作同 1~2 拍，方向相反。

5~8 拍：动作同第一个八拍 5~8 拍。

第三个八拍：

1~2 拍：左脚开始向前做一次变换步后举腿，同时右臂由一位摆至前举，左臂侧举，眼看 1 点。

3~4 拍：动作同 1~2 拍，方向相反。

5~8 拍：动作同 1~4 拍。

第四个八拍：

1~2 拍：左脚开始向后做变换步前屈膝举腿（外展，膝高于髋），同时左臂由一位摆至前斜下举，右臂后斜上举，眼看左手。

3~4 拍：动作同 1~2 拍，方向相反。

5~8 拍：动作同 1~4 拍。

（三）组合 3

【预备姿态】 面向 1 点，左脚在前的丁字步站立，手一位，眼看 8 点。

第一个八拍：

1~2 拍：左脚开始向左转 45°做前变换步后点地，同时右臂摆至前举，左臂侧举，眼看 8 点。

3~4 拍：动作同 1~2 拍，方向相反。

5~6 拍：左脚向左 45°做向前变换步后举腿，同时右臂摆至斜上举，左臂侧举，眼看左手。

7~8 拍：动作同 5~6 拍，方向相反。

第二个八拍：

1~2 拍：左脚开始做后退变换步成左腿屈膝半蹲，右腿伸直前点地，左臂斜下举，右臂后斜上举，眼看左手。

3~4 拍：动作同 1~2 拍，方向相反。

5~6 拍：左脚开始做后退变换步成右腿屈膝前举（膝外展，高于髋），左脚立踵，同时左臂斜下举，右臂后斜上举，眼看左手。

7~8 拍：动作同 5~6 拍，方向相反。

第三个八拍：

1~8 拍：左脚开始向前做四次跳的变换步，两臂随动作从一位摆至六位，眼看 1 点。

第四个八拍：

1~2 拍：左脚开始做向前变换步，右腿前举转体 180°成后举腿，同时左腿直膝立踵，两臂上举成三位。

3~4 拍：右脚开始做向后变换步，左腿由前向后摆转体 180°成前举，同时右腿直膝立踵，两臂上举成三位。

5~8 拍：左脚开始的原地碎步向左转体 360°，两臂体侧波浪，第 8 拍重心移在左脚上，右脚尖后点地，两臂由上举摆至体前交叉（右手在上），向左拧腰，眼看左下方。

（四）组合 4

【预备姿态】　面向 2 点左脚在前的丁字步，手一位。

第一个八拍：

1~2 拍：左脚向 2 点方向迈出一步成前弓步，同时两臂向前摆至前举，低头含胸。

3~4 拍：重心后移右腿伸直，左脚尖前点地，两臂由下向后成侧举，眼看左手。

5~8 拍：左脚开始向左斜 45°方向做向前变换步后点地，右臂前举，左臂侧举。

第二个八拍：动作同第一个八拍，方向相反。

第三个八拍：

1~2 拍：左脚向左侧出一步成左侧弓步，两臂同时摆至左侧举，低头含胸。

3~4 拍：重心右移成右侧弓步，左脚尖侧点地，右臂由右下摆至斜下举，左臂斜上举。眼看右手。

5~8 拍：左脚开始做向前变换步后举腿，左臂侧举，右臂前举，眼看 1 点。

第四个八拍：动作同第三个八拍，动作相反。

第五个八拍：

1~4 拍：左脚开始做后退变换步前点地，右臂前举，左臂侧举，眼看右手。

5~8 拍：动作同 1~4 拍，方向相反。

第六个八拍：

1~4 拍：左脚开始做后退变换步前举腿，右腿屈膝前举（膝外展、高于髋），左脚立踵，同时左臂斜下举，右臂后斜上举，眼看左手。

5~8 拍：动作同 1~4 拍，方向相反。

第七个八拍：

1~4 拍：左脚开始做向前跳转体变换步，右腿前摆跳转 180°，两臂上举。

5~8 拍：动作同 1~4 拍，方向相反。

第八个八拍：

1~4 拍：左脚后落一步成前弓步，上体前倾，低头含胸，左臂斜下举，右臂后斜上举，眼看左手。

5~8 拍：重心移至左脚屈膝半蹲，右腿伸直脚尖前点地，同时双臂依次向后抡臂一周成左臂前斜下举，右臂后斜上举，眼看左手。

五、跑跳步组合

（一）组合 1

【预备姿态】 面向 1 点正步站立，两臂自然下垂于体侧。

第一个八拍：

1~4 拍：左脚开始向前做四次跑跳步，两臂由体后向前摆至前举，含胸低头。

5~8 拍：左脚开始向后退做四次跑跳步，两臂由前向左右打开至侧举，挺胸抬头。

第二个八拍：动作同第一个八拍。

第三个八拍：

1~4 拍：左脚开始向左侧做四次跑跳步，左手叉腰，右臂向右侧摆至前举，眼看右手。

5~8 拍：原地做四次跑跳步，同时向右转体 360°，左手叉腰，右臂侧上举，眼看左肩。

第四个八拍：动作同第三个八拍，方向相反。

（二）组合 2

【预备姿态】 面向 1 点正步站立，两臂自然下垂于体侧。

第一个八拍：

1~4 拍：左脚开始前做四次跑跳步，双手叉腰。

5~8 拍：原地做四次跑跳步，同时向左转体 360°，头和右肩留在后（左肩高）双手叉腰。

第二个八拍：

1~4 拍：动作同第一个八拍 1~4 拍。

5~8 拍：动作同第一个八拍 5~8 拍。

第三个八拍：

1~4 拍：左脚开始向前四次跑跳步，同时两臂由下体前交叉向上向外绕至斜上举，挺胸抬头。

5~8 拍：向后四次跑跳步，两臂由上举交叉向下向内绕至侧平举，上体由含胸低头到挺胸抬头。

第四个八拍：

1~4 拍：左脚开始向前四次交叉腿跑跳步，两臂侧举。

5~6 拍：两腿上跳落地成左侧弓步，两臂由三位摆至右臂斜下举，左臂后上举，眼看右手。

7~8 拍：动作同 5~6 拍，方向相反，最后半拍跳起成并腿站立。

（三）组合 3

【预备姿态】 面向 1 点正步站立，两臂自然下垂于体侧。

第一个八拍：

1~4 拍：左脚开始向前做四次跑跳步，两臂由体侧向前摆至上举。

5~8 拍：原地四次跑跳步，两手在头上击掌四次。

第二个八拍：

1~4 拍：向后退四次跑跳步，两臂由上举经前向下摆。

5~8 拍：原地四次跑跳步，两手在体前下方击掌四次。

第三个八拍：

1~4 拍：动作同第一个八拍 1~4 拍。

5~6 拍：左脚向斜 45°方向伸出，脚后跟点地，右腿屈膝半蹲，两手在左肩处击掌，上体向左侧弯腰。眼看 2 点。

7~8 拍：动作同 5~6 拍，换右脚做。

第四个八拍：

1~4 拍：动作同第二个八拍 1~4 拍。

5~8 拍：动作同第三个八拍 5~8 拍。

第五个八拍：

1~4 拍：左脚开始向左侧跑跳步四次，两臂侧举，眼看 7 点。

5~6 拍：继续向左侧两次跑跳步，同时右臂向下绕环一周成侧举，眼看 7 点。

7~8 拍：前拍双腿并腿屈膝，后拍双脚向后蹬地伸直腿，同时抬头挺胸收腰，手臂位置不变，眼看 3 点。

第六个八拍：动作同第五个八拍，方向相反。

第七个八拍：

1~8 拍：左脚开始向前交叉腿跑跳步八次，两臂侧平举。

第八个八拍：

1~4 拍：左脚向左侧一步，右脚在左脚侧交叉立踵向左转体 360°，两臂上举成三位。

5~8 拍：左脚向左侧伸出、脚后跟点地，右腿屈膝半蹲，两臂由上经胸前交叉向下,向外绕成两手抱头,两肘外展,上体向左侧弯腰,眼看 2 点。

六、波尔卡步组合

(一) 组合 1

【预备姿态】 面对 1 点正步站立,两手叉腰。

第一个八拍:

1~2 拍:右脚小跳,左腿经前弓步做向前波尔卡,上体稍向左扭转,眼看 8 点。

3~4 拍:动作同 1~2 拍,方向相反。

5~6 拍:动作同 1~2 拍。

7~拍:左脚原地小跳一次,落地时稍屈膝,同时右脚前出一步脚尖点地,上体稍后倾,眼看 8 点。

8~拍:左脚原地小跳一次,落地时稍屈膝,同时右腿向后摆,脚尖后点地,上体稍前倾,稍低头,眼看 4 点。

第二个八拍:动作同第一个八拍,方向相反。

第三个八拍:

1~8 拍:右脚小跳,左脚开始向前做四个波尔卡,上体随动作稍向左右扭转。

第四个八拍:

1~拍:右脚原地小跳一次,落地时稍屈膝,同时向前出左脚,脚后跟着地,上体稍后倾,眼看前方。

2~拍:右脚原地小跳一次,左脚收回在右脚内侧,脚尖点地,上体稍前倾,稍低头。

3~拍:右脚原地小跳一次,同时左腿直腿向前踢腿,上体直立,眼看前方。

4~拍:左脚落于右脚侧成并立。

5~8 拍:动作同 1~4 拍,方向相反。

第五个八拍:动作同第三个八拍。

第六个八拍:动作同第四个八拍。

(二) 组合 2

【预备姿态】 臂侧举站立,练习者成两横排。

【音乐】 波尔卡舞曲。

第一个八拍(图 7-60①):

1~8 拍:右脚开始向前波尔卡 4 次,臂的动作为 1~2 拍和 5~6 拍两臂体前交叉,3~4 拍和 7~8 拍两臂向侧打开,手心向上。

第二个八拍(图 7-60①):

1~8 拍:后退波尔卡 4 次,手叉腰从原路线返回。

第三个八拍:

1~8 拍：前点后点波尔卡 2 次，走成圆圈。

第四个八拍：同第三个八拍（图 7-60②）。

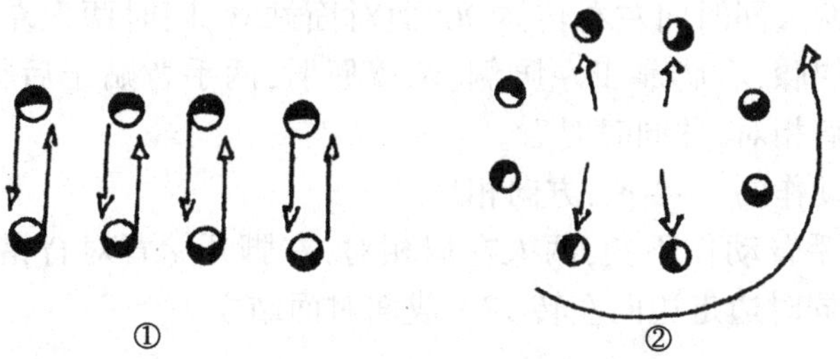

图 7-60　波尔卡步组合(1)

第五个八拍（图 7-61）：

1~2 拍：右转 90°，左肩对圆心，右脚小跳开始做侧波尔卡 1 个，左手叉腰，右臂侧上举，第 2 拍的后半拍时左转 180°。

3~4 拍：与 1~2 拍相反（右肩对圆心）。

5~8 拍：右转 360°，向圆外做 2 次侧进波尔卡。

第六个八拍（图 7-62）：

1~6 拍：向逆时针方向跑跳步 6 次，两臂自然摆动。

7~8 拍：插秧步右、左、右，左手叉腰，右臂由体前经下摆至 3 位，上体由含胸低头到挺胸抬头。

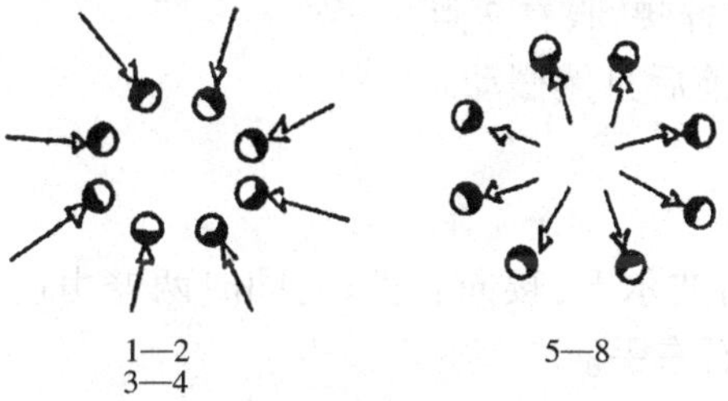

图 7-61　波尔卡步组合(2)

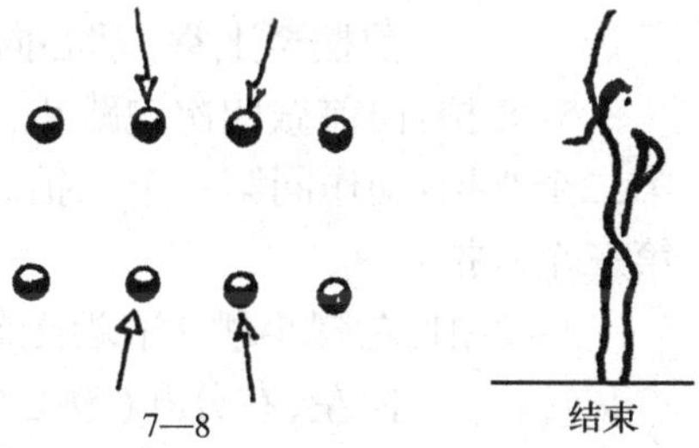

图 7-62　波尔卡步组合(3)

（三）组合 3

【预备姿态】　面向 1 点正步站立，两人手臂在体前交叉拉手。

第一个八拍：

1~6 拍：左脚开始小跳向前做三次波尔卡舞步，上体随动作两人同时稍向左、右扭转。

7~拍：右脚原地小跳一次，落地时稍屈膝，同时左脚前出一步脚尖点地，上体稍后倾，眼看 2 点。

8~拍：右脚原地小跳一次，落地时稍屈膝，同时左腿向后摆，脚尖后点地，上体稍前倾，眼看 6 点。

第二个八拍：动作同第一个八拍，方向相反。

第三个八拍：

1~2 拍：两人同时向左右转体 90°面对面站立，同时两人左脚向左侧出一步，稍屈膝，右脚靠于左脚侧，两臂屈肘，两手背贴于后腰，向左拧腰，两人右肩相对，并同时对看。

3~4 拍：动作同 1~2 拍，方向相反。

5~8 拍：手臂动作不变，两人左肩相对，左脚开始背对背错肩走四步交换位置，同时边走边向左转 180°成面对面站立。

第四个八拍：

1~4 拍：动作同第三个八拍 1~4 拍。

5~7 拍：手臂动作不变，两人左肩相对，左脚开始背对背错肩走三步交换位置，右边人面向 1 点，左边人边走边向左转体 180°面向 1 点。

8~拍：还原成预备姿势。

（四）组合 4

【预备姿态】 面向 1 点正步站立，两臂自然下垂于体侧。

第一个八拍：

1~2 拍：左脚小跳一次，右腿经前弓步向前波尔卡，同时左手叉腰，右臂向后摆至斜下举，眼看右手。

3~4 拍：右脚小跳一次，左腿经前弓步向前波尔卡，同时左手叉腰，右臂从右向前摆至上举（掌心向左），向左拧腰，眼看 7 点。

5~8 拍：向前做四次跑跳步，双臂屈肘前后自然摆动。

第二个八拍：动作同第一个八拍。

第三个八拍：

1~2 拍：左脚小跳，右腿经前弓步向前波尔卡，腰向右拧转，同时两臂由前平举向左、右分开（掌心向上），眼看右手。

3~4 拍：右脚小跳，左腿经前弓步向前波尔卡，腰向左扭转，同时两臂体前平举交叉，眼看左下方。

5~8 拍：动作同 1~4 拍。

第四个八拍：

1~拍：左脚小跳，右脚尖前点地，两臂经上摆至前平举。

2~拍：左脚小跳，右脚尖后点地，同时腰向左扭转，右臂上举，左臂侧举，眼看 7 点。

3~4 拍：左脚小跳，右腿经前弓步向前波尔卡，两臂侧平举。

5~8 拍：动作同 1~4 拍，方向相反。

第五个八拍：

1~2 拍：左脚小跳，右腿经前弓步向前波尔卡，腰向右侧扭转，同时左手叉腰，右臂向后摆至斜下举，眼看右手。

3~4 拍：右脚小跳，左腿经前弓步向前波尔卡，腰向左扭转，同时左手叉腰，右臂经前向左后斜下摆，眼看8点。

5~8拍：动作同1~4拍。

第六个八拍：

1~拍：左脚原地小跳，落地时稍屈膝，同时右脚侧出一步，脚后跟点地，上体稍向右侧弯腰，两臂屈肘在胸前经上向外划弧打开成左臂侧上举，右臂侧下举（掌心向上），眼看右手。

2~拍：左脚原地小跳，落地时稍屈膝，同时右脚尖在左脚后点地，上体向左稍扭转，两手叉腰，眼看左下方。

3~拍：左脚原地小跳，右腿向右侧直膝踢腿。

4~拍：右脚落于左脚侧成正立。

5~8拍：动作同1~4拍，方向相反。

第七个八拍：

1~2拍：左脚小跳，右腿经前弓步向前波尔卡，同时左手叉腰，右臂经后摆至后上举（掌心向下）。

3~4拍：动作同第五个八拍3~4拍。

5~6拍：右脚上前一步立踵，单脚向右转体360°，左腿侧吸，左腿贴于右小腿，同时两臂上举。

7~8拍：左腿经前弓步向前波尔卡，右手叉腰，左臂从前向后摆至后斜上举。

第八个八拍：

1~2拍：动作同第七个八拍1~2拍。

3~6拍：动作同第七个八拍3~6拍，方向相反。

7~8拍：左脚上前一步跳起，落地成前弓步，同时右腿直腿前踢屈膝后伸，落地脚尖后点地，两臂经上举在胸前屈肘向下插手成左臂后斜上举，右臂斜下举，上体前倾，眼看右手。

七、弹簧步组合

【预备姿态】 起踵，两臂侧举。

【音乐】 2/4拍，中速，富有弹性地。

第一个八拍：

1~4拍：右脚开始向前普通弹簧步2次，两臂前摆、后摆。

5~8拍：向前普通弹簧步2次，两臂经前向后大绕环一周至前举。

第二个八拍：

1~4拍：右脚开始向前普通弹簧步2次，两臂后摆、前摆。

5~8拍：向前普通弹簧步2次，两臂经后向前大绕环一周至后举。

第三个八拍（图7-63）：

1~4拍：右脚开始弹簧步侧举腿2次（后退），两臂体前交叉后向侧打开。

5~8拍：同1~4拍。

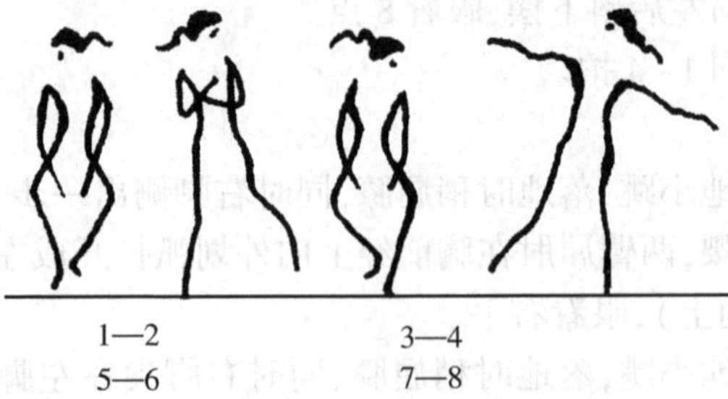

图 7-63 张簧步组合(1)

第四个八拍(图 7-64)：

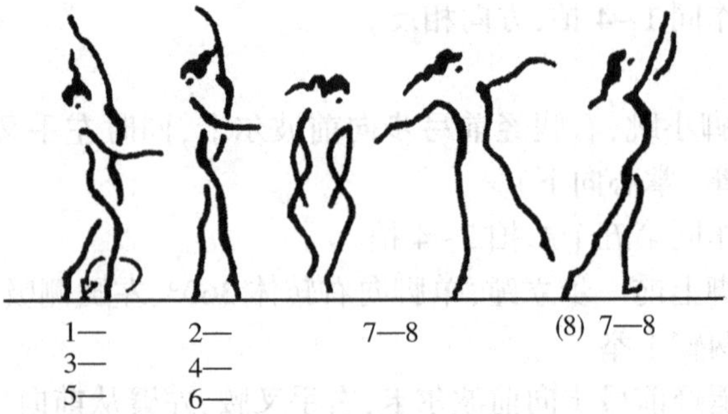

图 7-64 弹簧步组合(2)

1~拍:右脚在左脚前交叉柔软步屈膝,左脚离地屈膝,臂 4 位(左臂在上),上体右侧屈,头右转。

2~拍:左脚前掌踏下直膝,右脚直膝离地,臂仍 4 位。

3~4 拍和 5~6 拍均同 1~2 拍。

7~8 拍:右脚原地侧弹簧步 1 次,臂 7 位。以上 8 拍正好向左自转 360°。

第五个八拍:

同第三个八拍,但从左脚开始做。

第六个八拍:

同第四个八拍,但左脚在右脚前交叉开始做,向右自转 360°。

第七个八拍:

1~8 拍:右脚开始做前举膝弹簧步 2 次。

第八个八拍:

1~6 拍:右脚开始向前举膝弹簧步跳 3 次。

7~8 拍:左脚向前落下重心前移,右脚后点,臂前上举波浪 1 次。

八、滚动步组合

（一）组合1

【预备姿态】 面向1点正步站立，两臂自然下垂于体侧。

第一个八拍：

1~8拍：右脚尖点地开始，向前四个滚动步（两拍一动），双手叉腰。

第二个八拍：

1~8拍：向前八个滚动步（一拍一动），双手叉腰。

第三个八拍：

1~2拍：右脚尖点地起踵立向右转体90°至右脚尖点地。

3~4拍：原地一个滚动步至左脚尖点地。

5~8拍：动作同1~4拍。

第四个八拍：动作同第三个八拍。

第五个八拍：

1~2拍：原地一个滚动步至右脚尖点地。

3~4拍：起踵立向左转体90°左脚尖点地。

5~8拍：动作同1~4拍。

第六个八拍：动作同第五个八拍。

（二）组合2

【预备姿态】 面向1点两脚起踵立，两臂下垂于体侧。

第一个八拍：

1~2拍：左脚落踵，右腿屈膝脚尖前点地（滚动步，两拍一动），同时右臂侧平举（掌心向下），眼看右手。

3~4拍：动作同1~2拍，方向相反。

5~6拍：右脚开始做两次滚动步（一拍一动），两臂同时在头上交叉后向两侧打开至斜上举（掌心相对），眼看前上方。

7~8拍：脚步动作同5~6拍，两臂同时在头上交叉后落于体侧。

第二个八拍：动作同第一个八拍。

第三个八拍：

1~2拍：脚步动作同第一个八拍1~2拍，两臂前举（掌心向下）。

3~4拍：脚步动作同第一个八拍1~2拍，两臂同时翻掌向两侧打开成侧举（掌心向上）。

5~8拍：右脚开始向前做四次滚动步（一拍一动），两手叉腰（一前一后），眼看前方。

第四个八拍：动作同第三个八拍。

第五个八拍:

1~2拍:脚步动作同第一个八拍1~2拍,左臂侧上举(掌心向外),右臂自然下垂于体侧,眼看右手。

3~4拍:动作同1~2拍,方向相反。

5~拍:动作同1~2拍(一拍一动)。

6~拍:动作同3~4拍(一拍一动)。

7~8拍:动作同5~6拍。

第六个八拍:脚步动作同第五个八拍,手臂动作相反。

九、加洛步组合

【预备姿态】 面向1点站立,两臂腹前交叉。

第一个八拍:

1~拍:左脚向前并步跳至右脚落地,两臂侧举。

2~拍:左脚上前一步,重心前移,两臂向外摆至侧举。

3~4拍:动作同1~2拍,方向相反。

5~8拍:动作同1~4拍。

第二个八拍:

1~拍:左脚向前并步跳至右脚落地,两臂侧举。

2~拍:左脚上前一步,重心前移,同时右腿前摆向左转体180°至右腿后举,两臂上举。

3~拍:右脚向后并跳至左脚落地,两臂侧举。

4~拍:右脚向后一步,重心后移,两臂一位,左腿后摆同时向左转体180°至左腿前举,两臂上举。

5~8拍:动作同1~4拍。

第三个八拍:

1~拍:左脚上前一步,向右转体90°,重心左移做向左侧步跳至右脚落地,两臂腹前交叉。

2~拍:左脚向侧一步,重心左移,同时向左转体180°,右腿向右侧摆,两臂向外摆至侧平举。

3~拍:右脚向右侧并步跳至左脚落地,两臂腹前交叉。

4~拍:右脚向侧一步,重心右移,同时向右转体180°。左腿向左侧摆,两臂向外摆至侧举。

5~8拍:动作同1~4拍。

第四个八拍:

1~拍:左腿向侧并步跳至右脚落地,两臂侧举。

2~拍:左脚向侧一步,重心左移,向左转体90°,两臂侧举。

3~4拍:左脚向上跳起,右腿前摆向左转体180°至后举,两臂上举。

5~8 拍：向右转体 90°，动作同 1~4 拍，方向相反。

第五个八拍：

1~拍：向左转体 90°，左脚向左侧并步跳至右脚落地，两臂侧举。

2~拍：动作同第四个八拍 2 拍。

3~4 拍：右腿前摆向左转体 180°，同时左脚向上跳起在空中交换腿跳，至右脚站立，右腿后举，两臂上举。

5~8 拍：向左转体 90°，动作同 1~4 拍。

参 考 文 献

常薏等.1996.形体训练.北京:高等教育出版社
郭可悫.2000.竞技体操高级教程.北京:人民体育出版社
郭可悫.2002.形体美.北京:人民体育出版社
黄美林等.1989.艺术体操.北京:人民体育出版社
刘玉贤等.1999.形体训练.北京:中国物资出版社
刘忠武等.2004.大学体育教程.上海:复旦大学出版社
麻雪田、吕世杰.1996.基本体操体育游戏.苏州:苏州大学出版社
孟宪君.2003.大众流行健身项目理论与实践.北京:高等教育出版社
沈芝萍、王瑞玉等.2004.艺术体操.北京:北京体育大学出版社
孙麒麟.2002.实践教程.大连:大连理工大学出版社
特蕾泽.埃克努.2004.意念—身体健身运动.北京:机械工业出版社
王洪.2001.健美操教程.北京:人民体育出版社
维姆拉.拉尔法妮.2003.经典瑜珈52式.广州:广东科技大学出版社
吴玮.2001.形体训练.大连:东北财经大学出版社
肖光来.2004.健美操.北京:人民体育出版社
杨斌.2002.形体训练纲论.北京:北京体育大学出版社
曾晓玲.2004.健美操.长沙:湖南大学出版社
张春燕.2002.POP形体舞蹈速成.广州:世界图书出版公司
朱清渊等.1988.舞蹈的基础训练.北京:人民音乐出版社